Philip Kiefer

Tastenkombinationen für Windows & Office

Alle wichtigen Funktionen

Markt+Technik

Dieses Werk einschließlich aller Inhalte ist urheberrechtlich geschützt. Alle Rechte vorbehalten, auch die der Übersetzung, der fotomechanischen Wiedergabe und der Speicherung in elektronischen Medien.

Bei der Erstellung von Texten und Abbildungen wurde mit größter Sorgfalt vorgegangen. Trotzdem sind Fehler nicht völlig auszuschließen. Verlag, Herausgeber und Autoren können für fehlerhafte Angaben und deren Folgen weder eine juristische Verantwortung noch irgendeine Haftung übernehmen. Für Anregungen und Hinweise auf Fehler sind Verlag und Autoren dankbar.

Die Informationen in diesem Werk werden ohne Rücksicht auf einen eventuellen Patentschutz veröffentlicht. Warennamen werden ohne Gewährleistung der freien Verwendbarkeit benutzt. Nahezu alle Hard- und Softwarebezeichnungen sowie weitere Namen und sonstige Angaben, die in diesem Buch wiedergegeben werden, sind als eingetragene Marken geschützt. Da es nicht möglich ist, in allen Fällen zeitnah zu ermitteln, ob ein Markenschutz besteht, wird das ®-Symbol in diesem Buch nicht verwendet.

ISBN 978-3-945384-03-9

© 2017 by Markt+Technik Verlag GmbH
5., aktualisierte Auflage
Espenpark 1a
90559 Burgthann

Produktmanagement Christian Braun
Herstellung Jutta Brunemann, j.brunemann@mut.de
Einbandgestaltung David Haberkamp
Coverfoto © raven – Fotolia.com
Satz Thorsten Schlosser, Kreuztal (www.buchsetzer.de)
Druck Media-Print, Paderborn
Printed in Germany

Inhaltsverzeichnis

Einleitung	**5**

Windows-Tastenkürzel	**6**

Arbeiten auf der Bedienoberfläche 6

Explorer 16

Microsoft Edge 18

Internet Explorer 21

Windows Media Player 25

Weitere Zubehörprogramme 27

    Editor 27

    WordPad 29

    Paint 32

    Windows-Journal 33

    Schrittaufzeichnung 33

Zubehör-Apps 34

    Rechner 34

    Mail 39

    Kalender 42

    Fotos 43

    Karten 43

Erleichterte Bedienung 44

Eingabesprache festlegen 50

    Systemsteuerung 50

    Einstellungen 52

Inhaltsverzeichnis

Eigene Tastenkürzel erstellen 54

    Programme, Dateien und Ordner per Tastenkürzel öffnen 54

    Weitere Tastenkürzel mit Zusatzsoftware erstellen............................ 56

Office-Tastenkürzel   58

Word 58

    Word-Tastenkürzel anpassen 72

    Touchmodus.. 74

    Tastenkürzel für weitere Sonderzeichen einblenden 76

Excel 77

PowerPoint.. 88

OneNote... 98

Outlook 108

Einleitung

Tastenkürzel stellen erst mal eine Herausforderung an das Gedächtnis dar. Es gibt so viele davon, dass man sich schlichtweg nicht alle merken kann. Zumindest nicht auf Anhieb. Dieses Buch bietet Ihnen deshalb das ultimative Nachschlagewerk: Finden Sie darin – übersichtlich sortiert – alle wichtigen und nützlichen Tastenkürzel, die Sie bei der täglichen Verwendung Ihres Windows-Betriebssystems und von Microsoft Office garantiert gut gebrauchen können.

Tastenkürzel sind nicht zum Auswendiglernen da, sondern um Zeit zu sparen! Notieren Sie die besten Shortcuts auf Notizzetteln, die Sie an Ihren Monitor kleben, oder erstellen Sie Notizzettel (beispielsweise mit dem Windows-Zubehörprogramm Kurznotizen) direkt auf dem Windows-Desktop. Sie werden feststellen: Wenn Sie eine Tastenkombination häufig verwenden, geht sie Ihnen schnell in Fleisch und Blut über.

Tastenkürzel werden in der Regel gleichzeitig gedrückt. Das wird in diesem Buch folgendermaßen dargestellt: **Taste1+Taste2**, z. B. Strg+S. In diesem Beispiel wird zunächst die Strg-Taste gedrückt und gedrückt gehalten. Dann wird auch noch die Taste S gedrückt.

Bei der Darstellung der Tastenkürzel wird davon ausgegangen, dass Sie eine deutsche Tastatur verwenden. Bei anderen Tastaturen kann es Abweichungen geben.

Machen Sie sich nun auf, die Vielfalt der Tastenkürzel für Windows und Office zu erkunden. Eine lehrreiche Lektüre wünscht Ihnen

Ihr

Philip Kiefer

Windows-Tastenkürzel

Windows ist – in seinen verschiedenen Versionen – nach wie vor das meist-
genutzte Betriebssystem der Welt. Lernen Sie in diesem Kapitel nützliche
Tastenkürzel für die Bedienung des Betriebssystems sowie wichtiger Zubehörprogramme kennen. Einige der Tastenkürzel finden lediglich unter
Windows 10 Anwendung, die meisten davon lassen sich jedoch auch in
früheren Windows-Versionen nutzen.

Arbeiten auf der Bedienoberfläche

Für die Bedienoberfläche steht Ihnen eine Reihe von Tastenkombinationen
zur Verfügung. Lernen Sie diese in der folgenden Übersicht kennen.

Bedienoberfläche allgemein	
⊞	Startmenü öffnen bzw. schließen
Strg + Esc	Wie beim Drücken der ⊞-Taste Startmenü öffnen bzw. schließen
↑, ↓, ←, →	Im Startmenü navigieren
⊞ + X	Das Kontextmenü anzeigen, das auch erscheint, wenn mit der rechten Maustaste auf das Startsymbol links un-ten auf dem Bildschirm geklickt wird; bis einschließlich Windows 7 zum Öffnen des Mobilitätscenters
⊞ + D	Alle auf dem Desktop dargestellten Fenster minimie-ren und den Desktop einblenden; erneutes Drücken stellt die Fenster wieder her
⊞ + ,	Den Desktop einblenden, jedoch nur, solange die Tasten gedrückt gehalten werden
⊞ + A	Info-Center ein- bzw. ausblenden

Arbeiten auf der Bedienoberfläche

⊞+B	Infobereich aktivieren
Alt+⇧	Eingabesprache wechseln
⊞+Leer	Eingabesprache und Tastaturlayout in einem Menü auswählen; durch weiteres Betätigen der Leer-Taste wird die Auswahl getroffen
⇧+F10	Kontextmenü aufrufen
⊞+I (wie Isidor)	Einstellungen aufrufen
⊞+S	Das Suchfeld aktivieren und gleichzeitig das Such-fenster öffnen
Alt+F4	Auf dem Desktop ein Menü zum Ausschalten bzw. Abmelden aufrufen; ein geöffnetes Programm beenden
Strg+Alt+Entf	Menü zum Aufrufen des Task-Managers sowie zum Einblenden verschiedener Benutzeroptionen (Sperren, Benutzer wechseln, Abmelden, Kennwort ändern)
⇧+Neu starten	⇧-Taste beim Anklicken von Neu starten gedrückt halten, um die erweiterten Startoptionen zu laden
Strg+Z	Letzte Aktion rückgängig machen
Strg+Y	Letzte Aktion wiederholen bzw. rückgängig gemachte Aktion wiederherstellen
Strg+Mausrad	Durch Drehen des Mausrads direkt auf dem Desktop Symbole vergrößern bzw. verkleinern; in vielen Programmen zoomen
⇧+CD einlegen	⇧-Taste beim Einlegen einer CD gedrückt halten, um die automatische Wiedergabe zu verhindern
⊞+L	Den Bildschirm sperren
⊞+O	Den gegebenenfalls vorhandenen Orientierungssensor für die Tablet-Ausrichtung aktivieren bzw. deaktivieren

Windows-Tastenkürzel

Taskansicht

⊞ + ⇆	Die Taskansicht ein- bzw. ausblenden; die Auswahl eines Fensters kann außer per Mausklick auch mit den Pfeiltasten und per ↵-Taste erfolgen; bis einschließlich Windows 7 Umschalten zwischen Programmen mit Aero-Flip-3D
⊞ + Strg + D	Einen neuen virtuellen Desktop erzeugen
⊞ + Strg + ←	Zum nächsten virtuellen Desktop links wechseln
⊞ + Strg + →	Zum nächsten virtuellen Desktop rechts wechseln
⊞ + Strg + F4	Den gerade aktiven Desktop schließen; die auf diesem Desktop geöffneten Fenster bleiben dabei geöffnet

Wichtige Systemtools

⊞ + C	Lässt, sofern eingerichtet, die Assistentin Cortana zuhören
⊞ + Pause	Systeminformationen aufrufen
Strg + ⇧ + Esc	Task-Manager aufrufen
⊞ + R	Fenster *Ausführen* öffnen

Bildschirmfotos

Druck	Bildschirmfoto des gesamten Bildschirms in der Zwischenablage speichern
Alt + Druck	Bildschirmfoto des gerade aktiven Fensters in der Zwischenablage speichern
⊞ + Druck	Bildschirmfoto des gesamten Bildschirms im Benutzerordner *Bilder* und dort im Unterordner *Screenshots* speichern

Arbeiten auf der Bedienoberfläche

Fensterfunktionen

⊞+M	Alle auf dem Desktop dargestellten Fenster minimieren und den Desktop einblenden
⊞+⇧+M	Die minimierten Fenster wiederherstellen
⊞+Pos 1	Alle auf dem Desktop dargestellten Fenster mit Ausnahme des gerade aktiven Fensters minimieren
Strg+W	Das gerade aktive Fenster schließen
Alt+F4	Ebenfalls das gerade aktive Fenster schließen
⊞+Z	In einer App gegebenenfalls die Optionsleiste einblenden
Alt+⇆	Die aktuell geöffneten Programme und Apps anzeigen; durch weiteres Drücken der ⇆-Taste ein Programm oder eine App auswählen
Alt+⇧+⇆	Die aktuell geöffneten Programme und Apps anzeigen; durch weiteres Drücken der ⇆-Taste ein Programm oder eine App auswählen, und zwar in umgekehrter Reihenfolge
Alt+Esc	Zwischen den aktuell auf dem Desktop dargestellten Fenstern wechseln
Alt+⇧+Esc	Zwischen den aktuell auf dem Desktop dargestellten Fenstern wechseln, und zwar in umgekehrter Reihenfolge
F6	Zwischen den Bereichen des aktuell geöffneten Fensters wechseln
⇧+F6	Zwischen den Bereichen des aktuell geöffneten Fensters wechseln, und zwar in umgekehrter Reihenfolge
Strg+F6	Zwischen mehreren geöffneten Fenstern des gleichen Programms wechseln

Windows-Tastenkürzel

Strg + ⇧ + F6	Zwischen mehreren geöffneten Fenstern des gleichen Programms wechseln, und zwar in umgekehrter Reihenfolge
Strg + N	Öffnet, sofern möglich, ein neues Fenster des gerade aktiven Programms
Alt	Tastatursteuerung in einer Menüleiste bzw. einem Menüband aktivieren und wieder deaktivieren
↑, ↓, ←, →	Nach dem Einblenden der Tastatursteuerung per Alt-Taste in einer Menüleiste bzw. einem Menüband navigieren
Alt + Leer	Menü mit Fensteroptionen aufrufen
F11	Fenster, wenn vom Programm unterstützt, im Vollbildmodus darstellen bzw. Vollbildmodus wieder deaktivieren
⊞ + ←	Das aktuell geöffnete Fenster auf der linken Bildschirmhälfte platzieren
⊞ + →	Das aktuell geöffnete Fenster auf der rechten Bildschirmhälfte platzieren
⊞ + ↑	Das aktuell geöffnete Fenster maximieren; auch: Fenster in der oberen Bildschirmhälfte platzieren
⊞ + ↓	Das aktuell geöffnete Fenster verkleinern; ein bereits verkleinertes Fenster minimieren; auch: Fenster in der unteren Bildschirmhälfte platzieren
⊞ + ⇧ + ↑	Das aktuell geöffnete Fenster in der Höhe maximieren
⊞ + ⇧ + ↓	Das aktuell geöffnete Fenster in der Höhe verkleinern; ein bereits verkleinertes Fenster minimieren
⊞ + ⇧ + ←	Auf linken Bildschirm verschieben (sofern mehrere Monitore angeschlossen sind)
⊞ + ⇧ + →	Auf rechten Bildschirm verschieben (sofern mehrere Monitore angeschlossen sind)

Arbeiten auf der Bedienoberfläche

⊞+P	Rechts auf dem Bildschirm die *Projizieren*-Anzeige einblenden
⊞+K	Rechts auf dem Bildschirm die *Geräte*-Anzeige einblenden
⊞+H	Rechts auf dem Bildschirm die *Teilen*-Anzeige einblenden
F5	Das gerade aktive Fenster aktualisieren
F1	In zahlreichen Programmen Hilfe zum Programm aufrufen

Taskleiste

⊞+T	Die Taskleiste aktivieren; durch weiteres Drücken der T-Taste ein Symbol auswählen
⊞+1(–0)	Ein Symbol in der Taskleiste auswählen, in der Reihenfolge von links nach rechts
⊞+Strg+1(–0)	Ein Symbol in der Taskleiste auswählen, in der Reihenfolge von links nach rechts; bei mehreren geöffneten Fenstern wird das zuletzt aktive aufgerufen
⊞+⇧+1(–0)	Ein Symbol in der Taskleiste auswählen und ein neues Fenster des entsprechenden Programms öffnen
⇧+Klick	Symbol in der Taskleiste bei gedrückter ⇧-Taste anklicken, um ein neues Fenster des entsprechenden Programms zu öffnen
⊞+Alt+1(–0)	Sprungliste zu einem Symbol in der Taskleiste auswählen, in der Reihenfolge von links nach rechts (entspricht Rechtsklick auf das Symbol)
Rechtsklick	Ein Symbol in der Taskleiste mit der rechten Maustaste anklicken, um Sprungliste anzuzeigen

Windows-Tastenkürzel

⊞ + Strg + ⇧ + 1 (– 0)	Ein Symbol in der Taskleiste auswählen und ein neues Fenster des entsprechenden Programms als Administrator öffnen
Strg + ⇧ + Klick	Symbol in der Taskleiste bei gedrückter Strg- und ⇧-Taste mit der linken Maustaste anklicken, um neues Fenster des entsprechenden Programms als Administrator zu öffnen
⇧ + Rechtsklick	Ein Symbol in der Taskleiste bei gedrückter ⇧-Taste mit der rechten Maustaste anklicken, um Fensteroptionen einzublenden
Strg + Klick	Bei mehreren geöffneten Fenstern bewirkt ein Klick auf ein Symbol in der Taskleiste bei gedrückter Strg-Taste den Wechsel zwischen den Fenstern

Dialogfenster

Alt + Buchstabe	Alt-Taste zusammen mit einem im Dialogfenster unterstrichenen Buchstaben drücken, um Option direkt auszuwählen
⇥	Zwischen den Optionen innerhalb einer Registerkarte wechseln
⇧ + ⇥	Zwischen den Optionen innerhalb einer Registerkarte wechseln, und zwar in umgekehrter Reihenfolge
Strg + ⇥	Zwischen den Registerkarten in einem Dialogfenster wechseln
Strg + ⇧ + ⇥	Zwischen den Registerkarten in einem Dialogfenster wechseln, und zwar in umgekehrter Reihenfolge
↓	Durch die Optionen in einem ausgewählten Drop-down-Menü blättern
Alt + ↓	Ausgewähltes Drop-down-Menü öffnen

Arbeiten auf der Bedienoberfläche

`Leer`	Ausgewähltes Kontrollkästchen aktivieren bzw. deaktivieren
`↵`	Ausgewählte Option ausführen
`Esc`	Dialogfenster schließen

Eingabefelder

`←`	Cursor um ein Zeichen nach links bewegen
`→`	Cursor um ein Zeichen nach rechts bewegen
`Strg`+`←`	Cursor um ein Wort nach links bewegen
`Strg`+`→`	Cursor um ein Wort nach rechts bewegen
`Pos 1`	Zum Anfang der Zeile springen
`Ende`	Zum Ende der Zeile springen
`⇧`+`←`	Zeichen links vom Cursor markieren
`⇧`+`→`	Zeichen rechts vom Cursor markieren
`Strg`+`⇧`+`←`	Wort links vom Cursor markieren
`Strg`+`⇧`+`→`	Wort rechts vom Cursor markieren
`⇧`+`Pos 1`	Vom Cursor bis zum Anfang der Zeile markieren
`⇧`+`Ende`	Vom Cursor bis zum Ende der Zeile markieren

Menüleiste bzw. Menüband

`Alt`	Registerkarte in einer Menüleiste bzw. einem Menüband auswählen und Tastaturoptionen einblenden
`→`	Zwischen den Registerkarten wechseln

Windows-Tastenkürzel

←	Zwischen den Registerkarten wechseln, und zwar in umgekehrter Richtung
↑, ↓, ←, →	Im Menüband innerhalb einer Registerkarte navigieren
↵	Markierte Option aufrufen

Fingereingabe auf einem Touchscreen

Tippen	Einfaches Tippen entspricht Mausklick mit linker Maustaste, doppeltes Klicken entspricht Doppelklick
Tippen und Gedrückthalten	Tippen und Gedrückthalten entspricht Mausklick mit rechter Maustaste
Tippen, Gedrückthalten und Ziehen	Entspricht Ziehen bei gedrückter linker Maustaste
Streichen	Auf dem Touchscreen mit dem Finger in eine bestimmte Richtung streichen, um in die entsprechende Richtung zu scrollen
Kneifen	Daumen und Zeigefinger auf dem Touchscreen aufeinander zubewegen, um die Ansicht zu verkleinern; Daumen und Zeigefinger auf dem Touchscreen auseinanderbewegen, um die Ansicht zu vergrößern
Drehen	In manchen Anwendungen ein Element drehen, indem mit Daumen und Zeigefinger eine Drehbewegung auf dem Element vollführt wird
Wischen vom rechten Bildschirmrand	Info-Center anzeigen
Wischen vom linken Bildschirmrand	Taskansicht anzeigen
Wischen vom oberen Bildschirmrand	Titelleisten für Apps im Vollbildmodus anzeigen bzw. weiter nach unten wischen, um App zu schließen

Arbeiten auf der Bedienoberfläche

Wischen vom unteren Bildschirmrand	Taskleiste für Apps im Vollbildmodus anzeigen

Fingereingabe auf einem Präzisions-Touchpad

Tippen mit einem Finger	Einfaches Tippen entspricht Mausklick mit linker Maustaste, doppeltes Klicken entspricht Doppelklick
Streichen mit einem Finger	Auf dem Touchpad mit dem Finger in eine bestimmte Richtung streichen, um in die entsprechende Richtung zu scrollen
Tippen, Gedrückthalten und Ziehen mit einem Finger	Entspricht Ziehen bei gedrückter linker Maustaste
Tippen mit zwei Fingern	Entspricht Mausklick mit rechter Maustaste
Streichen mit zwei Fingern	Auf dem Touchpad mit zwei Fingern in eine bestimmte Richtung streichen, um in die entsprechende Richtung zu blättern
Kneifen	Daumen und Zeigefinger auf dem Touchpad aufeinander zubewegen, um die Ansicht zu verkleinern; Daumen und Zeigefinger auf dem Touchpad auseinanderbewegen, um die Ansicht zu vergrößern
Tippen mit drei Fingern	Cortana, sofern eingerichtet, aktivieren
Streichen mit drei Fingern	Multitasking-Gesten: mit drei Fingern nach oben streichen zeigt Taskansicht an; mit drei Fingern nach links oder rechts streichen blättert durch die geöffneten Fenster; mit drei Fingern nach unten streichen zeigt den Desktop an
Tippen mit vier Fingern	Info-Center aufrufen

Windows-Tastenkürzel

Explorer

Der Explorer (auch Datei-Explorer, Windows-Explorer) dient der Verwaltung Ihrer Dateien. Mit Tastenkürzeln gelingt dies zukünftig viel leichter als bisher.

Allgemeine Explorer-Tastenkürzel	
⊞+E	Startet den Explorer standardmäßig in der Ansicht *Schnellzugriff* (in früheren Windows-Versionen Start in der Ansicht *Dieser PC* bzw. *Computer*)
Strg+F	Das in den Explorer eingebaute Suchfeld aktivieren
F3	Ebenfalls das in den Explorer eingebaute Suchfeld aktivieren
⊞+Strg+F	Computer suchen in einem Netzwerk
F4	Das Adressfeld des Explorers aktivieren
Strg+N	Weiteres Explorer-Fenster öffnen
Strg+⇧+N	Neuen Ordner erstellen
→	Im Navigationsbereich sämtliche Unterordner eines ausgewählten Ordners anzeigen
Alt+←	Zu vorherigem Ordner wechseln
Alt+→	Zu folgendem Ordner wechseln
Alt+↑	Zu Hauptordner wechseln
Alt+P	Vorschaufenster ein- bzw. ausblenden
Alt+⇧+P	Detailbereich ein- bzw. ausblenden
Alt+↵	Eigenschaften eines markierten Elements anzeigen
F2	Markiertes Element umbenennen

16

Explorer

Entf	Markierte Elemente löschen (in den Papierkorb verschieben)
Strg + D	Ebenfalls markierte Elemente löschen (in den Papierkorb verschieben)
⇧ + Entf	Markierte Elemente endgültig löschen (nicht erst in den Papierkorb verschieben)

Copy-and-paste/Drag-and-drop

Strg + A	Alle Elemente auswählen
Pos 1	Erstes Element in einem Ordner auswählen
Ende	Letztes Element in einem Ordner auswählen
⇧ + Pos 1	Aktuell ausgewähltes Element und alle Elemente links davon auswählen
⇧ + Ende	Aktuell ausgewähltes Element und alle Elemente rechts davon auswählen
⇧ + ←	Aktuelles Element und Element links davon auswählen; weiteres Drücken der ←-Taste bewirkt Auswählen weiterer Elemente in linker Richtung
⇧ + →	Aktuelles Element und Element rechts davon auswählen; weiteres Drücken der →-Taste bewirkt Auswählen weiterer Elemente in rechter Richtung
Strg +Klick	Mehrere einzelne Elemente auswählen
⇧ +Klick	Mehrere Elemente in einer Reihe auswählen
Strg + C	Ausgewählte Elemente in die Zwischenablage kopieren
Strg + X	Ausgewählte Elemente in die Zwischenablage ausschneiden

Windows-Tastenkürzel

Strg + V	Kopierte oder ausgeschnittene Elemente aus der Zwischenablage einfügen
Klick+Ziehen	Ziehen bei gedrückter Maustaste bewirkt Verschieben (Quelldatei wird gelöscht)
Strg +Klick+Ziehen	Ziehen bei gedrückter Maustaste und gleichzeitig gedrückter Strg -Taste bewirkt Kopieren (Quelldatei bleibt erhalten)
Strg + ⇧ +Klick+Ziehen	Ziehen bei gedrückter Maustaste und gleichzeitig gedrückter Strg - und ⇧ -Taste bewirkt Erstellen einer Verknüpfung
⇧ +Klick+Ziehen	Wird ein Element bei gedrückter Maustaste und gleichzeitig gedrückter ⇧ -Taste auf das Papierkorbsymbol gezogen, wird es endgültig gelöscht

Microsoft Edge

Mit Windows 10 wurde der neue Webbrowser Microsoft Edge eingeführt, der mit modernen Funktionen aufwartet und dadurch zur Konkurrenz (Firefox, Chrome und Co.) aufschließen will. Entnehmen Sie den folgenden Tabellen Tastenkürzel für die clevere Browsernutzung.

Allgemeine Tastenkürzel für Microsoft Edge	
Strg + P	Datei drucken
Strg + +	Ansicht vergrößern
Strg + -	Ansicht verkleinern
Strg + 0	Normale Ansichtsgröße wiederherstellen
F12	Die F12-Entwicklertools aufrufen

Microsoft Edge

Im Internet surfen

`Strg`+`↵`	Zu dem in das Adressfeld eingetippten Text *www.* und *.com* hinzufügen und Webseite öffnen
`Strg`+`←`	Cursor im Adressfeld eine Position nach links bewegen
`Strg`+`→`	Cursor im Adressfeld eine Position nach rechts bewegen
`F4`	Adressfeld aktivieren
`F5`	Seite aktualisieren
`Strg`+`R`	Ebenfalls Seite aktualisieren
`Strg`+`⇧`+`R`	Leseansicht aktivieren bzw. deaktivieren
`F7`	Tastaturnavigation aktivieren bzw. deaktivieren
`Alt`+`Pos 1`	Startseite öffnen
`↑`, `↓`, `←`, `→`	In die entsprechende Richtung scrollen
`Bild ↑`	Schnell nach oben scrollen
`Bild ↓`	Schnell nach unten scrollen
`Alt`+`←`	Zurückblättern
`Alt`+`→`	Vorblättern
`Pos 1`	Zum Anfang einer Webseite springen
`Ende`	Zum Ende einer Webseite springen
`Esc`	Laden abbrechen

Windows-Tastenkürzel

Suchen

Strg + E	Websuche starten
Alt + ↵	Seite mit Suchergebnissen einer Websuche in neuer Registerkarte öffnen
Strg + F	Seite durchsuchen
↵	Nächstes Suchergebnis anzeigen
⇧ + ↵	Vorheriges Suchergebnis anzeigen

Fenster und Registerkarten

Strg + N	Neues Fenster öffnen
Strg + ⇧ + P	Neues Fenster für InPrivate-Browsen öffnen
⇧ + Klick	Link bei gedrückter ⇧-Taste anklicken, um ihn in neuem Fenster zu öffnen
Strg + T	Neue Registerkarte öffnen
Strg + ⇧ + T	Zuletzt geschlossene Registerkarte erneut öffnen
Strg + Klick	Link bei gedrückter Strg-Taste anklicken, um ihn in neuer Registerkarte im Hintergrund zu öffnen
Strg + ⇧ + Klick	Link bei gedrückter Strg- und ⇧-Taste anklicken, um ihn in neuer Registerkarte im Vordergrund zu öffnen
Strg + ⇥	Zwischen Registerkarten umschalten
Strg + ⇧ + ⇥	Zwischen Registerkarten umschalten, und zwar in umgekehrter Reihenfolge
Strg + 1 (–9)	Zur Registerkarte in der entsprechenden Position wechseln
Strg + K	Registerkarte duplizieren
Strg + W	Registerkarte schließen

20

Internet Explorer

Hub	
Strg + G	Leseliste anzeigen
Strg + H	Verlauf anzeigen
Strg + I	Favoriten anzeigen
Strg + J	Downloads anzeigen
Strg + D	Webseite zu Favoriten hinzufügen
Strg + ⇧ + B	Favoritenleiste ein- bzw. ausblenden
Strg + ⇧ + Entf	Browserverlauf löschen

Internet Explorer

Auch der Internet Explorer 11 ist (einigermaßen versteckt im Ordner Windows-Zubehör) unter Windows 10 noch an Bord, obwohl Microsoft bereits angekündigt hat, dass dieser Webbrowser zugunsten von Microsoft Edge nicht weiterentwickelt wird. Da in Microsoft Edge zu Beginn noch einige wichtige Funktionen fehlen, wollen Sie vielleicht weiterhin auch den Internet Explorer verwenden – am schnellsten mit Tastenkürzeln!

Allgemeine Tastenkürzel für den Internet Explorer	
Strg + O	Datei öffnen
Strg + S	Datei speichern
Strg + P	Datei drucken
Alt + D	Druckvorschau: Datei drucken
Alt + H	Druckvorschau: Hochformat
Alt + Q	Druckvorschau: Querformat
Alt + E	Druckvorschau: Seite einrichten

Windows-Tastenkürzel

Alt + K	Druckvorschau: Kopf- und Fußzeilen ein- bzw. ausschalten
Alt + B	Druckvorschau: Gesamte Breite anzeigen
Alt + 1, 2, 3, 6 oder 0	Druckvorschau: 1, 2, 3, 6 oder 12 Seiten anzeigen
Alt + G	Druckvorschau: Druckgröße ändern
F11	Vollbildmodus aktivieren bzw. deaktivieren
Strg + +	Ansicht vergrößern
Strg + -	Ansicht verkleinern
Strg + 0	Normale Ansichtsgröße wiederherstellen
Strg + J	Downloads anzeigen

Im Internet surfen

Strg + ↵	Zum in das Adressfeld eingetippten Text www. und .com hinzufügen und Webseite öffnen
Strg + ←	Cursor im Adressfeld eine Position nach links bewegen
Strg + →	Cursor im Adressfeld eine Position nach rechts bewegen
F4	Adressfeld aktivieren
F5	Seite aktualisieren
Strg + R	Ebenfalls Seite aktualisieren
F7	Tastaturnavigation aktivieren bzw. deaktivieren
Alt + Pos 1	Startseite öffnen
↑, ↓, ←, →	In die entsprechende Richtung scrollen
Bild ↑	Schnell nach oben scrollen

Internet Explorer

`Bild ↓`	Schnell nach unten scrollen
`Alt`+`←`	Zurückblättern
`Alt`+`→`	Vorblättern
`Strg`+`⇥`	In Elementen auf einer Webseite vorblättern, sofern die Registernavigation deaktiviert ist
`Strg`+`⇧`+`⇥`	In Elementen auf einer Webseite zurückblättern, sofern die Registernavigation deaktiviert ist
`Pos 1`	Zum Anfang einer Webseite springen
`Ende`	Zum Ende einer Webseite springen
`Esc`	Laden abbrechen

Suchen

`Strg`+`E`	Websuche starten
`Alt`+`↵`	Seite mit Suchergebnissen einer Websuche in neuer Registerkarte öffnen
`Strg`+`F`	Seite durchsuchen
`↵`	Nächstes Suchergebnis anzeigen
`⇧`+`↵`	Vorheriges Suchergebnis anzeigen

Fenster und Registerkarten

`Strg`+`N`	Neues Fenster öffnen
`Strg`+`⇧`+`P`	Neues Fenster für InPrivate-Browsen öffnen
`⇧`+Klick	Link bei gedrückter `⇧`-Taste anklicken, um ihn in neuem Fenster zu öffnen

Windows-Tastenkürzel

Strg + T	Neue Registerkarte öffnen
Strg + ⇧ + T	Zuletzt geschlossene Registerkarte erneut öffnen
Strg + Klick	Link bei gedrückter Strg-Taste anklicken, um ihn in neuer Registerkarte im Hintergrund zu öffnen
Strg + ⇧ + Klick	Link bei gedrückter Strg- und ⇧-Taste anklicken, um ihn in neuer Registerkarte im Vordergrund zu öffnen
Strg + ⇆	Zwischen Registerkarten umschalten
Strg + ⇧ + ⇆	Zwischen Registerkarten umschalten, und zwar in umgekehrter Reihenfolge
Strg + 1 (–9)	Zur Registerkarte in der entsprechenden Position wechseln
Strg + K	Registerkarte duplizieren
Strg + W	Registerkarte schließen

Favoriten und Verlauf

Strg + D	Webseite zu Favoriten hinzufügen
Alt + Z	Favoritenmenü öffnen
Strg + B	Favoriten verwalten
Strg + I	Favoriten anzeigen
Strg + ⇧ + I	Favoritencenter anheften und Favoriten anzeigen
Alt + ↑	Favorit in der Liste nach oben verschieben
Alt + ↓	Favorit in der Liste nach unten verschieben
Strg + G	Feeds anzeigen
Strg + ⇧ + G	Favoritencenter anheften und Feeds anzeigen
Strg + ⇧ + B	Favoritenleiste ein- bzw. ausblenden

Strg + H	Browserverlauf anzeigen
Strg + ⇧ + H	Favoritencenter anheften und Browserverlauf anzeigen
Strg + ⇧ + Entf	Browserverlauf löschen

Windows Media Player

Der Windows Media Player ist eine gute Wahl für die Medienwiedergabe auf Ihrem Computer. Erfahren Sie hier, wie sich dieses Zubehörprogramm mit Tastenkürzeln bedienen lässt.

Allgemeine Funktionen	
Strg + O	Datei öffnen
Strg + U	URL öffnen
Strg + N	Neue Wiedergabeliste erstellen
Strg + 7	Ausgewähltes Element zur aktuell geöffneten Wiedergabeliste hinzufügen
Strg + 8	Ausgewähltes Element zur Brennliste hinzufügen
Strg + 9	Ausgewähltes Element zur Synchronisierungsliste hinzufügen
F2	Ausgewähltes Element umbenennen
Strg + E	Suchfeld aktivieren

Ansichtsoptionen	
Strg + 1	Ansicht *Bibliothek* wählen
Strg + 2	Ansicht *Design* wählen
Strg + 3	Ansicht *Aktuelle Wiedergabe* wählen

Windows-Tastenkürzel

`F4`	In der Mediathek zwischen Alben-Ansicht und Detail-Ansicht umschalten
`Alt`+`→`	In der Mediathek durch die letzten Ansichten blättern
`Alt`+`←`	In der Mediathek durch die letzten Ansichten blättern, und zwar in umgekehrter Reihenfolge
`Strg`+`→`	In der Mediathek durch die letzten Wiedergabelisten blättern
`Strg`+`←`	In der Mediathek durch die letzten Wiedergabelisten blättern, und zwar in umgekehrter Reihenfolge
`F6`	Albumcover in der Mediathek vergrößern
`⇧`+`F6`	Albumcover in der Mediathek verkleinern
`Alt`+`⏎`	Wenn verfügbar, Vollbildmodus aktivieren bzw. deaktivieren
`Strg`+`M`	Die Menüleiste ein- bzw. ausblenden
`Alt`+`1`	Videogröße 50 %
`Alt`+`2`	Videogröße 100 %
`Alt`+`3`	Videogröße 200 %

Wiedergabeoptionen

`Strg`+`P`	Wiedergabe pausieren bzw. fortsetzen
`Strg`+`S`	Wiedergabe stoppen
`Strg`+`⇧`+`G`	Schnelle Wiedergabegeschwindigkeit
`Strg`+`⇧`+`N`	Normale Wiedergabegeschwindigkeit
`Strg`+`⇧`+`S`	Langsame Wiedergabegeschwindigkeit
`Strg`+`H`	Zufällige Wiedergabe aktivieren bzw. deaktivieren

Weitere Zubehörprogramme

Strg + T	Wiederholen aktivieren bzw. deaktivieren
Strg + ⇧ + C	Songtexte und Untertitel aktivieren bzw. deaktivieren (wenn verfügbar)
Strg + B	Zurück
Strg + F	Weiter
Strg + ⇧ + B	Rücklauf
Strg + ⇧ + F	Vorlauf
Strg + J	Auswerfen
F7	Ton aus
F8	Leiser
F9	Lauter

Weitere Zubehörprogramme

Unter Windows sind einige weitere nützliche Zubehörprogramme mit an Bord. Lernen Sie auf den nächsten Seiten Tastenkürzel zu folgenden Programmen kennen: dem Editor, dem einfachen Textverarbeitungsprogramm WordPad, dem Zeichenprogramm Paint, dem Notizenprogramm Windows-Journal sowie dem Zubehörprogramm Schrittaufzeichnung.

Editor

Allgemeine Tastenkürzel für den Editor	
Strg + N	Neues Dokument anlegen
Strg + O	Datei öffnen
Strg + S	Datei speichern

27

Windows-Tastenkürzel

Strg + P	Datei drucken
F5	Uhrzeit und Datum einfügen
Strg + F	Dokument durchsuchen
F3	Nächstes Suchergebnis anzeigen
Strg + G	Zu einer bestimmten Zeile wechseln (funktioniert nur, wenn Zeilenumbruch deaktiviert ist)
Strg + H	Suchen und ersetzen

Markieren und löschen

←	Ein Zeichen nach links springen
→	Ein Zeichen nach rechts springen
Strg + ←	Ein Wort nach links springen
Strg + →	Ein Wort nach rechts springen
↑	Eine Zeile nach oben springen
↓	Eine Zeile nach unten springen
Strg + Pos 1	Zum Anfang des Dokuments springen
Strg + Ende	Zum Ende des Dokuments springen
⇧ + ←	Zeichen links vom Cursor markieren
⇧ + →	Zeichen rechts vom Cursor markieren
Strg + ⇧ + ←	Wort links vom Cursor markieren
Strg + ⇧ + →	Wort rechts vom Cursor markieren
⇧ + ↑	Zeile vor dem Cursor markieren
⇧ + ↓	Zeile nach dem Cursor markieren

Weitere Zubehörprogramme

Strg + ⇧ + ↑	Absatz vor dem Cursor markieren
Strg + ⇧ + ↓	Absatz nach dem Cursor markieren
Strg + ⇧ + Pos 1	Vom Cursor bis zum Anfang des Dokuments markieren
Strg + ⇧ + Ende	Vom Cursor bis zum Ende des Dokuments markieren
Strg + A	Gesamtes Dokument markieren
Strg + C	Markierten Text in die Zwischenablage kopieren
Strg + X	Markierten Text in die Zwischenablage ausschneiden
Strg + V	Kopierten oder ausgeschnittenen Text aus der Zwischenablage einfügen
Entf	Zeichen nach dem Cursor löschen
Strg + Entf	Wort nach dem Cursor löschen

WordPad

Allgemeine Tastenkürzel für WordPad	
Strg + N	Neues Dokument anlegen
Strg + O	Datei öffnen
Strg + D	Zeichnung aus Paint einfügen
Strg + S	Datei speichern
Strg + P	Datei drucken
Strg + F	Dokument durchsuchen
F3	Nächstes Suchergebnis anzeigen
Strg + H	Suchen und ersetzen

Windows-Tastenkürzel

Markieren und löschen

←	Ein Zeichen nach links springen
→	Ein Zeichen nach rechts springen
Strg + ←	Ein Wort nach links springen
Strg + →	Ein Wort nach rechts springen
↑	Eine Zeile nach oben springen
↓	Eine Zeile nach unten springen
Strg + Pos 1	Zum Anfang des Dokuments springen
Strg + Ende	Zum Ende des Dokuments springen
⇧ + ←	Zeichen links vom Cursor markieren
⇧ + →	Zeichen rechts vom Cursor markieren
Strg + ⇧ + ←	Wort links vom Cursor markieren
Strg + ⇧ + →	Wort rechts vom Cursor markieren
⇧ + ↑	Zeile vor dem Cursor markieren
⇧ + ↓	Zeile nach dem Cursor markieren
Strg + ⇧ + ↑	Absatz vor dem Cursor markieren
Strg + ⇧ + ↓	Absatz nach dem Cursor markieren
Strg + ⇧ + Pos 1	Vom Cursor bis zum Anfang des Dokuments markieren
Strg + ⇧ + Ende	Vom Cursor bis zum Ende des Dokuments markieren
Strg + A	Gesamtes Dokument markieren
Strg + C	Markierten Text in die Zwischenablage kopieren
Strg + X	Markierten Text in die Zwischenablage ausschneiden

Weitere Zubehörprogramme

Strg + V	Kopierten oder ausgeschnittenen Text aus der Zwischenablage einfügen
Entf	Zeichen nach dem Cursor löschen
Strg + Entf	Wort nach dem Cursor löschen
Strg + ⇧ + Pos 1 + Entf	Text vom Cursor bis zum Anfang des Dokuments löschen
Strg + ⇧ + Ende + Entf	Text vom Cursor bis zum Ende des Dokuments löschen

Formatieren

Strg + 1	Zeilenabstand 1 Zeile
Strg + 5	Zeilenabstand 1,5 Zeilen
Strg + 2	Zeilenabstand 2 Zeilen
Strg + B	Markierten Text fett formatieren
Strg + I	Markierten Text kursiv formatieren
Strg + U	Markierten Text unterstrichen formatieren
Strg + ⇧ + A	Markierten Text ausschließlich in Großbuchstaben bzw. ausschließlich in Kleinbuchstaben darstellen.
Strg + ⇧ + L	Markierten Text als Aufzählung formatieren; erneutes Drücken der Taste L bewirkt Änderung des Aufzählungssymbols
Strg + L	Text linksbündig ausrichten
Strg + R	Text rechtsbündig ausrichten
Strg + E	Text zentriert ausrichten
Strg + J	Text im Blocksatz ausrichten

Windows-Tastenkürzel

Paint

Allgemeine Tastenkürzel für Paint

Tastenkürzel	Funktion
Strg+N	Neue Zeichnung anlegen
Strg+O	Datei öffnen
Strg+S	Datei speichern
Strg+P	Datei drucken
Strg+E	Bildeigenschaften anzeigen
Strg+G	Gitternetzlinien ein- bzw. ausblenden
Strg+L	Lineal ein- bzw. ausblenden
F11	Vollbildmodus aktivieren bzw. deaktivieren
Strg+Bild↑	Ansicht vergrößern
Strg+Bild↓	Ansicht verkleinern
Strg+W	Dialogfenster *Größe ändern/Zerren* aufrufen
↑, ↓, ←, →	Ausgewähltes Objekt in die jeweilige Richtung bewegen
Strg+A	Alles auswählen
Strg+C	In die Zwischenablage kopieren
Strg+X	In die Zwischenablage ausschneiden
Strg+V	Aus der Zwischenablage einfügen
Entf	Ausgewähltes Objekt löschen
Esc	Auswahl eines Objekts aufheben
Strg+B	Markierten Text fett formatieren
Strg+I	Markierten Text kursiv formatieren
Strg+U	Markierten Text unterstrichen formatieren

Weitere Zubehörprogramme

Windows-Journal

Allgemeine Tastenkürzel für Windows-Journal	
Strg + N	Neue Notiz erstellen
Strg + O	Datei öffnen
Strg + S	Datei speichern
Strg + P	Datei drucken
Strg + F	Innerhalb einer Notiz suchen
Strg + G	Zu einer bestimmten Seite wechseln
Strg + A	Alles auswählen
Strg + C	In die Zwischenablage kopieren
Strg + X	In die Zwischenablage ausschneiden
Strg + V	Aus der Zwischenablage einfügen
F11	Vollbildmodus aktivieren bzw. deaktivieren

Schrittaufzeichnung

Allgemeine Tastenkürzel für Schrittaufzeichnung	
Alt + A	Aufzeichnung starten
Alt + K	Kommentar hinzufügen
Alt + U	Aufzeichnung pausieren
Alt + F	Aufzeichnung fortsetzen
Alt + B	Aufzeichnung beenden
Alt + S	Aufzeichnung speichern
Alt + N	Neue Aufzeichnung

Zubehör-Apps

Auch verschiedene bereits vorhandene Apps lassen sich mithilfe von Tastenkürzeln schneller und einfacher bedienen. Die folgende Zusammenstellung
wird Ihnen als Nutzer von Windows 10 sicherlich nützlich sein.

Rechner

Die meisten der in den folgenden Tabellen dargestellten Tastenkürzel lassen sich nicht nur in der App *Rechner* unter Windows 10, sondern auch im
gleichnamigen Zubehörprogramm früherer Windows-Versionen verwenden.

Allgemeine Funktionen	
Alt + 1	Ansicht *Standard*
Alt + 2	Ansicht *Wissenschaftlich*
Alt + 3	Ansicht *Programmierer*
Strg + H	Verlauf ein- bzw. ausblenden
↑	Im Verlauf nach oben navigieren
↓	Im Verlauf nach unten navigieren
Strg + ⇧ + D	Verlauf löschen
Strg + C	Wert kopieren
Strg + V	Wert aus der Zwischenablage einfügen

Schaltflächen Standard	
Strg + L	Entspricht Mausklick auf die Schaltfläche MC
Strg + R	Entspricht Mausklick auf die Schaltfläche MR
Strg + M	Entspricht Mausklick auf die Schaltfläche MS

Zubehör-Apps

Strg + P	Entspricht Mausklick auf die Schaltfläche M+
Strg + Q	Entspricht Mausklick auf die Schaltfläche M-
⇧ + 5	Entspricht Mausklick auf die Schaltfläche Prozent
Alt Gr + Q	Entspricht Mausklick auf die Schaltfläche Wurzel aus
Q	Entspricht Mausklick auf die Schaltfläche x^2
R	Entspricht Mausklick auf die Schaltfläche Kehrwert (1/x)
Entf	Entspricht Mausklick auf die Schaltfläche CE
Esc	Entspricht Mausklick auf die Schaltfläche C
⇐	Entspricht Mausklick auf die Schaltfläche Rücktaste
⇧ + 7	Entspricht Mausklick auf die Schaltfläche Geteilt durch
⇧ + +	Entspricht Mausklick auf die Schaltfläche Mal
-	Entspricht Mausklick auf die Schaltfläche Minus
+	Entspricht Mausklick auf die Schaltfläche Plus
F9	Entspricht Mausklick auf die Schaltfläche ±
⇧ + 0	Entspricht Mausklick auf die Schaltfläche Ist gleich

Schaltflächen Wissenschaftlich

F3	Wissenschaftliche Ansicht: Deg
F4	Wissenschaftliche Ansicht: Rad
F5	Wissenschaftliche Ansicht: Grad
V	Entspricht Mausklick auf die Schaltfläche F-E in der wissenschaftlichen Ansicht
S	Entspricht Mausklick auf die Schaltfläche sin in der wissenschaftlichen Ansicht

Windows-Tastenkürzel

O	Entspricht Mausklick auf die Schaltfläche *cos* in der wissenschaftlichen Ansicht
T	Entspricht Mausklick auf die Schaltfläche *tan* in der wissenschaftlichen Ansicht
Strg + S	Entspricht Mausklick auf die Schaltfläche *sinh* in der wissenschaftlichen Ansicht
Strg + O	Entspricht Mausklick auf die Schaltfläche *cosh* in der wissenschaftlichen Ansicht
Strg + T	Entspricht Mausklick auf die Schaltfläche *tanh* in der wissenschaftlichen Ansicht
X	Entspricht Mausklick auf die Schaltfläche *Exp* in der wissenschaftlichen Ansicht
D	Entspricht Mausklick auf die Schaltfläche *Mod* in der wissenschaftlichen Ansicht
Strg + G	Entspricht Mausklick auf die Schaltfläche 10^x in der wissenschaftlichen Ansicht
L	Entspricht Mausklick auf die Schaltfläche *log* in der wissenschaftlichen Ansicht
E	Entspricht Mausklick auf die Schaltfläche *Exp* in der wissenschaftlichen Ansicht
⇧ + S	Entspricht Mausklick auf die Schaltfläche *Mod* in der wissenschaftlichen Ansicht
#	Entspricht Mausklick auf die Schaltfläche x^3 in der wissenschaftlichen Ansicht
Strg + Y	Entspricht Mausklick auf die Schaltfläche $y\sqrt{x}$ in der wissenschaftlichen Ansicht
Strg + N	Entspricht Mausklick auf die Schaltfläche e^x in der wissenschaftlichen Ansicht

Zubehör-Apps

N	Entspricht Mausklick auf die Schaltfläche *In* in der wissenschaftlichen Ansicht
M	Entspricht Mausklick auf die Schaltfläche *dms* in der wissenschaftlichen Ansicht
P	Entspricht Mausklick auf die Schaltfläche π in der wissenschaftlichen Ansicht
⇧ + 1	Entspricht Mausklick auf die Schaltfläche *n!* in der wissenschaftlichen Ansicht
⇧ + 8	Entspricht Mausklick auf die Schaltfläche *(* in der wissenschaftlichen Ansicht
⇧ + 9	Entspricht Mausklick auf die Schaltfläche *)* in der wissenschaftlichen Ansicht

Schaltflächen Programmierer

F5	Programmierer-Ansicht: *Hex*
F6	Programmierer-Ansicht: *Dez*
F7	Programmierer-Ansicht: *Oct*
F8	Programmierer-Ansicht: *Bin*
F2	Programmierer-Ansicht *Dword*
F3	Programmierer-Ansicht: *Word*
F4	Programmierer-Ansicht: *Byte*
F12	Programmierer-Ansicht: *Qword*
⇧ + 5	Entspricht Mausklick auf die Schaltfläche *Mod* in der Programmierer-Ansicht
⇧ + 8	Entspricht Mausklick auf die Schaltfläche *(* in der Programmierer-Ansicht

Windows-Tastenkürzel

`⇧`+`9`	Entspricht Mausklick auf die Schaltfläche *)* in der Programmierer-Ansicht
`J`	Entspricht Mausklick auf die Schaltfläche *RoL* in der Programmierer-Ansicht
`K`	Entspricht Mausklick auf die Schaltfläche *RoR* in der Programmierer-Ansicht
`Alt Gr`+`<`	Entspricht Mausklick auf die Schaltfläche *Or* in der Programmierer-Ansicht
`^`	Entspricht Mausklick auf die Schaltfläche *Xor* in der Programmierer-Ansicht
`<`	Entspricht Mausklick auf die Schaltfläche *Lsh* in der Programmierer-Ansicht
`⇧`+`<`	Entspricht Mausklick auf die Schaltfläche *Rsh* in der Programmierer-Ansicht
`Alt Gr`+`+`	Entspricht Mausklick auf die Schaltfläche *Not* in der Programmierer-Ansicht
`⇧`+`6`	Entspricht Mausklick auf die Schaltfläche *And* in der Programmierer-Ansicht

Schaltflächen Konverter

`⇆`	Zum nächsten Menü wechseln
`⇧`+`⇆`	Zum vorigen Menü wechseln
`Leer`	Menü öffnen
`↑`, `↓`, `←`, `→`	Auswahl treffen
`↵`	Auswahl bestätigen

Zubehör-Apps

Mail

E-Mails empfangen und verwalten

[F9]	E-Mail-Konto synchronisieren
[Strg]+[M]	Ebenfalls E-Mail-Konto synchronisieren
[↵]	Ausgewählte E-Mail öffnen
[Leer]	Ebenfalls ausgewählte E-Mail öffnen
[Entf]	Ausgewählte E-Mail löschen bzw. E-Mails durch-blättern und löschen
[Strg]+[D]	Ebenfalls ausgewählte E-Mail löschen bzw. E-Mails durchblättern und löschen
[⇦]	Ausgewählte E-Mail archivieren
[Strg]+[R]	Auf aktuell geöffnete E-Mail antworten
[Strg]+[⇧]+[R]	Allen antworten
[Strg]+[F]	Aktuell geöffnete E-Mail weiterleiten
[Einfg]	E-Mail kennzeichnen
[Alt]+[C]	Besprechungseinladung annehmen
[Alt]+[D]	Besprechungseinladung ablehnen
[Alt]+[N]	Besprechungseinladung mit Vorbehalt
[Strg]+[⇧]+[I]	Posteingang anzeigen
[Strg]+[⇧]+[O]	Postausgang anzeigen
[Strg]+[Q]	E-Mail als gelesen markieren
[Strg]+[U]	E-Mail als ungelesen markieren
[Strg]+[E]	E-Mails suchen

Windows-Tastenkürzel

`F3`	Ebenfalls E-Mails suchen
`Strg`+`+`	Ansicht vergrößern
`Strg`+`-`	Ansicht verkleinern
`F6`	Zwischen Bereichen wechseln
`Strg`+`A`	Gesamten Text einer E-Mail markieren
`Strg`+`C`	Markierten Text in die Zwischenablage kopieren
`Strg`+`Y`	Markierten Text in die Zwischenablage ausschneiden
`Strg`+`V`	Kopierten oder ausgeschnittenen Text aus der Zwischenablage einfügen

E-Mails erstellen

`Strg`+`N`	Neue E-Mail erstellen
`Strg`+`⇧`+`M`	Ebenfalls neue E-Mail erstellen
`Strg`+`↵`	Ebenfalls E-Mail senden
`Alt`+`I`	Dateianhang hinzufügen
`Strg`+`K`	Link hinzufügen
`Strg`+`⇧`+`F`	Markierten Text in Fettdruck formatieren
`Strg`+`⇧`+`K`	Markierten Text in Kursivdruck formatieren
`Strg`+`⇧`+`U`	Markierten Text mit Unterstreichung formatieren
`Strg`+`⇧`+`D`	Markierten Text mit doppelter Unterstreichung formatieren
`Strg`+`⇧`+`G`	Markierten Text in Großdruck formatieren
`Strg`+`⇧`+`G`	Markierten Text in Kapitälchen formatieren

Zubehör-Apps

Strg + +	Markierten Text tiefgestellt formatieren
Strg + ⇧ + +	Markierten Text hochgestellt formatieren
Strg + ⇧ + W	Nur die Wörter des markierten Textes unterstrichen formatieren
Alt + 1	Markiertem Text die Formatvorlage *Überschrift 1* zuweisen
Alt + 2	Markiertem Text die Formatvorlage *Überschrift 2* zuweisen
Alt + 3	Markiertem Text die Formatvorlage *Überschrift 3* zuweisen
Strg + ⇧ + N	Markiertem Text die Formatvorlage *Standard* zuweisen
⇥	Einzug erhöhen
⇤	Einzug verringern
Strg + L	Text linksbündig ausrichten
Strg + R	Text rechtsbündig ausrichten
Strg + E	Text zentriert ausrichten
Strg + B	Text im Blocksatz ausrichten
Strg + 0	Zeilenabstand vor Absatz hinzufügen bzw. wieder entfernen
Strg + 1	Einfachen Zeilenabstand festlegen
Strg + 5	1,5-fachen Zeilenabstand festlegen
Strg + 2	Doppelten Zeilenabstand festlegen
F7	Rechtschreibprüfung anwenden

Windows-Tastenkürzel

Kalender

Allgemeine Tastenkürzel für Kalender

Strg + 1	Von der App *Kalender* zu *Mail* wechseln
Strg + 2	Von der App *Mail* zum *Kalender* wechseln
Strg + N	Neuen Termin erstellen
Strg + G	Terminserie erstellen
Alt + S	Termin speichern
Strg + D	Termin löschen
Alt + F	Kalenderelement weiterleiten
Strg + R	Antworten
Strg + ⇧ + R	Allen antworten
Strg + Alt + 1	Ansicht: Tag
Strg + Alt + 2	Ansicht: Arbeitswoche
Strg + Alt + 3	Ansicht: Woche
Strg + Alt + 4	Ansicht: Monat
Pos 1	Ansicht: Heute
Bild ↓	Vorwärts durch den Kalender blättern
Bild ↑	Rückwärts durch den Kalender blättern
←	Zum vorherigen Tag springen
→	Zum folgenden Tag springen

Zubehör-Apps

Fotos

Allgemeine Tastenkürzel für Fotos

E	Bild automatisch verbessern bzw. automatische Verbesserung deaktivieren
Strg + E	Bild bearbeiten
Strg + R	Bild drehen
Strg + C	Bild kopieren
Strg + L	Bild als Hintergrund auf dem Sperrbildschirm festlegen
Strg + P	Bild drucken
Alt + ↵	Dateiinfo aufrufen
Entf	Bild löschen
Strg + R	Datei drehen
Strg + +	Ansicht vergrößern
Strg + -	Ansicht verkleinern
Strg + 0	Normale Ansichtsgröße wiederherstellen
F5	Diashow starten
Esc	Diashow beenden

Karten

Allgemeine Tastenkürzel für Karten

Strg + Y	Zwischen Ansicht Straße und Luftbild umschalten
Strg + T	Verkehrsinfo ein- bzw. ausblenden
Strg + S	Streetside ein- bzw. ausblenden

43

Windows-Tastenkürzel

Strg + +	Ansicht vergrößern
Strg + -	Ansicht verkleinern
Strg + ←	Ansicht gegen den Uhrzeigersinn drehen
Strg + →	Ansicht im den Uhrzeigersinn drehen
Strg + ↑	Ansicht nach oben neigen
Strg + ↓	Ansicht nach unten neigen
Strg + D	Route planen
Strg + F	Ort oder Geschäft suchen
Strg + Pos 1	Standort anzeigen
Strg + P	Karte drucken

Erleichterte Bedienung

Ob Sie ein Handicap haben oder nicht – die Windows-Funktionen für die erleichterte Bedienung des Computers haben für alle etwas zu bieten! Hier finden Sie die passenden Tastenkürzel dazu.

Bildschirmlupe und Co.

⊞ + U	Center für erleichterte Bedienung aufrufen
⊞ + +	Bildschirmlupe aktivieren; durch weiteres Drücken der +-Taste die Zoomstufe der Bildschirmlupe erhöhen
⊞ + -	Die Zoomstufe der Bildschirmlupe verringern
Strg + Alt + F	Ansicht: Vollbild
Strg + Alt + L	Ansicht: Lupe
Strg + Alt + D	Ansicht: Angedockt

Erleichterte Bedienung

Strg + Alt + Leer	Zu Zoomstufe 100 % wechseln
Strg + Alt + R	Nach dem Drücken der Tasten kann die Lupengröße durch Ziehen mit der Maus geändert werden; Tasten erneut drücken oder mit der Maus klicken, um die Lupengröße zu übernehmen
Strg + Alt + ↑, ↓, ←, →	In die entsprechende Richtung scrollen
Strg + Alt + I	In der Bildschirmlupe Farben invertieren
⊞ + Esc	Bildschirmlupe beenden
Alt + ⇧ + Druck	Hohen Kontrast aktivieren bzw. deaktivieren
Alt + ⇧ + Num	Tastaturmaus aktivieren bzw. deaktivieren
⇧, ⇧, ⇧, ⇧, ⇧	⇧-Taste fünfmal nacheinander drücken, um Einrastfunktion zu aktivieren bzw. zu deaktivieren; eingerastet werden die Tasten ⊞, Strg, Alt sowie ⇧
⇧ rechts	Rechte ⇧-Taste so lange gedrückt halten, bis Anschlagverzögerung aktiviert bzw. deaktiviert wird
Num	Num-Taste so lange gedrückt halten, bis ⇧-Tasten aktiviert bzw. deaktiviert werden (akustisches Signal beim Drücken der Tasten ⇩, Num sowie Rollen)

Sprachausgabe

⊞ + ↵	Sprachausgabe starten und gleichzeitig Einstellungen der Sprachausgabe öffnen
⇩ + F1	Befehle für Sprachausgabe einblenden
⇩ + F2	Befehle für aktuelles Element anzeigen
⇩ + M	Lesen
⇩ + W	Fenster lesen

Windows-Tastenkürzel

⇩ + H	Dokument lesen
⇩ + O	Textattribute lesen
⇩ + C	Datum und Uhrzeit vorlesen
⇩ + D	Element vorlesen
⇩ + F	Elementzusatz vorlesen
⇩ + S	Buchstabiertes Element vorlesen
⇩ + R	Alle Elemente im markierten Bereich vorlesen
⇩ + Q	Zum letzten Element im markierten Bereich springen
⇩ + Einfg	Zum verknüpften Element wechseln
⇩ + →	Zum nächsten Element springen
⇩ + ←	Zum vorherigen Element springen
⇩ + Y	Zum Textanfang springen
⇩ + B	Zum Textende springen
⇩ + J	Zur nächsten Überschrift springen
⇩ + ⇧ + J	Zur vorherigen Überschrift springen
⇩ + K	Zur nächsten Tabelle springen
⇩ + ⇧ + K	Zur vorherigen Tabelle springen
⇩ + F3	Zur nächsten Zelle in der Tabellenzeile springen
⇩ + ⇧ + F3	Zur vorherigen Zelle in der Tabellenzeile springen
⇩ + F4	Zur nächsten Zelle in der Tabellenspalte springen
⇩ + ⇧ + F4	Zur vorherigen Zelle in der Tabellenspalte springen
⇩ + F5	Ausgeben, in welcher Zeile und Spalte sich die Sprachausgabe gerade befindet

Erleichterte Bedienung

⬇+F6	Zur Tabellenzelle springen
⬇+⇧+F6	Zum Zellinhalt springen
⬇+F7	Aktuelle Tabellenspalte vorlesen
⬇+F8	Aktuelle Tabellenzeile vorlesen
⬇+F9	Aktuelle Spaltenüberschrift vorlesen
⬇+F10	Aktuellen Zeilenkopf vorlesen
⬇+L	Zum nächsten Link springen
⬇+⇧+L	Zum vorherigen Link springen
⬇+U	Nächste Seite lesen
⬇+⇧+U	Vorherige Seite lesen
Strg+⬇+U	Aktuelle Seite lesen
⬇+I	Nächsten Abschnitt lesen
⬇+⇧+I	Vorherigen Abschnitt lesen
Strg+⬇+I	Aktuellen Abschnitt lesen
⬇+O	Nächste Zeile lesen
⬇+⇧+O	Vorherige Zeile lesen
Strg+⬇+O	Aktuelle Zeile lesen
⬇+P	Nächstes Wort lesen
⬇+⇧+P	Vorheriges Wort lesen
Strg+⬇+P	Aktuelles Wort lesen
⬇+V	Begriff wiederholen
⬇+↵	Suchmodus aktivieren bzw. deaktivieren
⬇+F12	Zeichenlesen aktivieren bzw. deaktivieren

Windows-Tastenkürzel

⬇+A	Modus *Ausführlich* aktivieren bzw. deaktivieren
⬇+Z	Taste der Sprachausgabe sperren bzw. entsperren
⬇+X	Nächste Tastenkombination von Sprachausgabe unbeachtet lassen
⬇+G	Cursor der Sprachausgabe zum Systemcursor bewegen
⬇+T	Cursor der Sprachausgabe zum Mauszeiger bewegen
⬇++	Sprechgeschwindigkeit erhöhen
⬇+-	Sprechgeschwindigkeit verringern
⬇+Bild ↑	Lautstärke der Sprachausgabe erhöhen
⬇+Bild ↓	Lautstärke der Sprachausgabe verringern
Strg	Lesen beenden
⬇+Esc	Sprachausgabe beenden

Bildschirmtastatur

Neben einer physischen Tastatur können Sie unter Windows auch eine Bildschirmtastatur zur Eingabe von Texten und Befehlen verwenden, die zu den Bedienungshilfen zählt. Unter Windows 10 steht Ihnen darüber hinaus eine für Touchscreens optimierte Bildschirmtastatur zur Verfügung. So rufen Sie die Bildschirmtastaturen auf:

- Bedienungshilfen: Öffnen Sie mit der Tastenkombination ⊞+U bzw. in der Systemsteuerung unter *Erleichterte Bedienung* das *Center für erleichterte Bedienung*. Klicken Sie auf *Bildschirmtastatur starten*. Wenn Sie wünschen, dass die Bildschirmtastatur nach dem Starten von Windows automatisch zur Verfügung steht, wählen Sie *Computer ohne Maus oder*

Tastatur bedienen, setzen ein Häkchen bei *Bildschirmtastatur verwenden* und speichern die Einstellung mit OK ab. Die Bildschirmtastatur wird in einem Programmfenster geöffnet, das sich wie ein anderes Programmfenster auch größer ziehen oder schließen lässt. Die Bildschirmtastatur in den Bedienungshilfen stellt das Abbild einer physischen Tastatur dar.

- Touchscreen-Tastatur: Die Touchscreen-Tastatur unter Windows 10 wird auf einem Touchscreen automatisch eingeblendet, wenn Sie in ein Eingabefeld klicken. Auf dem Desktop blenden Sie zum Öffnen der Touchscreen-Tastatur ein Symbol im Infobereich ein, indem Sie mit der rechten Maustaste auf eine freie Fläche der Taskleiste klicken und sich im Kontextmenü für *Bildschirmtastatur anzeigen (Schaltfläche)* entscheiden. Die Touchscreen-Tastatur besteht aus mehreren Ebenen für Buchstaben, Zahlen und Symbole. Sie lässt sich zudem für den Gebrauch auf dem Touchscreen weiter optimieren.

Eingabesprache festlegen

Die Tastenkürzel in diesem Buch setzen voraus, dass Sie eine Tastatur mit deutschem Tastaturlayout verwenden. Die Einstellungen können – je nach verwendetem Betriebssystem – entweder in der Systemsteuerung oder in den Einstellungen geändert werden. Gerne stelle ich Ihnen beide Varianten vor.

Systemsteuerung

Um die Eingabesprache in der Systemsteuerung zu ändern, gehen Sie folgendermaßen vor:

1. Öffnen Sie die Systemsteuerung. Unter Windows 10 klicken Sie dazu auf das Windows-Logo ⊞ links unten auf dem Bildschirm und wählen im Kontextmenü den Eintrag *Systemsteuerung* aus.

2. In der Systemsteuerung klicken Sie unter *Zeit, Sprache und Region* auf *Sprache hinzufügen*.

3. Klicken Sie als Nächstes ebenfalls auf *Sprache hinzufügen*.

Eingabesprache festlegen

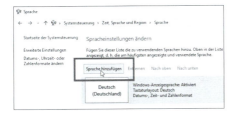

4. Wählen Sie im folgenden Fenster eine Sprache aus und bestätigen Sie mit *Hinzufügen* (bei weiterer Auswahl klicken Sie zunächst auf *Öffnen*).

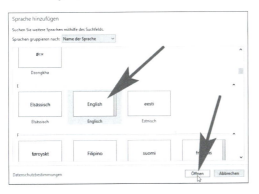

5. Bestimmen Sie zum Schluss gegebenenfalls noch, welche Sprache Sie als Primärsprache verwenden möchten, indem Sie die gewünschte Sprache in der Liste ganz nach oben setzen.

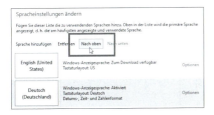

Windows-Tastenkürzel

6. Im Infobereich wird Ihnen – bei mehreren verwendeten Sprachen – die jeweils aktive Sprache angezeigt, und Sie können per Menü zwischen den Sprachen umschalten.

Einstellungen

In den Einstellungen gehen Sie etwas anders vor, wie ich es Schritt für Schritt ebenfalls anhand von Windows 10 darstelle:

1. Entscheiden Sie sich im Startmenü von Windows 10 für das Öffnen der *Einstellungen*. Wie Sie schon wissen, lassen sich diese auch mit dem Tastenkürzel ⊞+[I] aufrufen.

2. Wählen Sie in den *Einstellungen* die Kategorie *Zeit und Sprache*.

3. Klicken Sie in der Leiste links auf *Region und Sprache*. Um eine neue Sprache hinzuzufügen, klicken Sie auf die Schaltfläche *Sprache hinzufügen*.

Eingabesprache festlegen

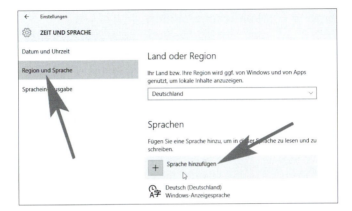

4. Klicken Sie im folgenden Fenster eine Sprache an, um diese zu installieren.

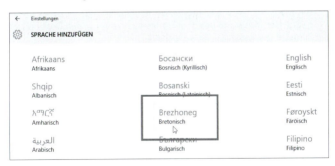

5. Das Ändern der Eingabesprache erfolgt auch in diesem Fall am einfachsten im Infobereich.

Windows-Tastenkürzel

Eigene Tastenkürzel erstellen

Sie können auch eigene Tastenkürzel für die schnellere Steuerung von Windows und der von Ihnen verwendeten Programme erstellen. Dies kann sowohl mit Bordmitteln als auch mithilfe zusätzlicher (kostenloser) Software geschehen.

Programme, Dateien und Ordner per Tastenkürzel öffnen

Das Erstellen von Tastenkürzeln, um bestimmte Programme, Dateien oder Ordner zu öffnen, erfolgt problemlos mit Bordmitteln. So geht es Schritt für Schritt:

1. Zunächst benötigen Sie eine Verknüpfung zum Programm, der Datei und dem Ordner. Um diese zu erhalten, klicken Sie ein Element im Explorer mit der rechten Maustaste an und wählen im Kontextmenü *Senden an/ Desktop (Verknüpfung erstellen)*. Sie können ein Element auch einfach bei gedrückter Maustaste aus dem Startmenü heraus auf den Desktop ziehen, um dort eine Verknüpfung zu erstellen.

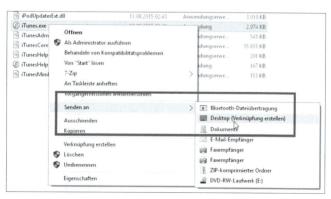

Eigene Tastenkürzel erstellen

2. Klicken Sie nun die auf dem Desktop erstellte Verknüpfung mit der rechten Maustaste an und entscheiden Sie sich im Kontextmenü für den Eintrag *Eigenschaften*.

3. Im sich öffnenden Eigenschaften-Fenster wird die Registerkarte *Verknüpfung* angezeigt. Klicken Sie dort in das Feld *Tastenkombination*.

4. Geben Sie ein Zeichen ein, das Sie zusammen mit den Tasten [Strg] und [Alt] in einer Tastenkombination einsetzen möchten, um das Programm, die Datei oder den Ordner zu öffnen. Bestätigen Sie die Einstellung mit OK.

Windows-Tastenkürzel

5. Ab sofort können Sie die Tastenkombination anwenden. Wichtig: Die entsprechende Verknüpfung darf nicht gelöscht werden, ansonsten funktioniert das Tastenkürzel nicht mehr!

Noch ein kleiner Tipp: Um sich die Tastenkürzel leichter merken zu können, verwenden Sie beim Erstellen einer Tastenkombination am besten jeweils den Anfangsbuchstaben des Programms, der Datei oder des Ordners.

Weitere Tastenkürzel mit Zusatzsoftware erstellen

Viele weitere Möglichkeiten, beispielsweise auch das Einfügen von Textelementen per Tastenkombination, bieten kostenlose Zusatzprogramme. Hier zwei empfehlenswerte Programme im schnellen Überblick:

- Keyboard Editor: Mit der Freeware Keyboard Editor, die Sie unter der Webadresse *www.rsbasic.de/download/* finden, lässt sich die Funktion einzelner Tasten auf Ihrer Tastatur individuell anpassen. Klicken Sie dazu im Programm auf *Funktion einer Taste ändern*, drücken Sie anschließend die gewünschte Taste und entscheiden Sie, ob beim Drücken ein Programm ausgeführt, ein Ordner geöffnet oder ein Zeichen ausgegeben werden soll. Das funktioniert aber jeweils nur, wenn der Keyboard Editor ausgeführt wird (am besten in den Autostart legen).

Eigene Tastenkürzel erstellen

- HotkeyPro: Individuelle Tastenkürzel mit den unterschiedlichsten Funktionen erstellen – dies gelingt auf einfache Weise auch mit dem Gratis-Tool HotkeyPro, das in der Basisversion ebenfalls kostenlos zu haben ist, und zwar unter der Webadresse *www.digital-dynamic.org/hotkeypro.html*. Auch bei diesem Tool gilt, dass es ausgeführt werden muss, damit die angelegten Tastenkürzel funktionieren (am besten in den Autostart legen).

Im Internet steht noch viel mehr Tastenkürzel-Freeware zur Verfügung. Wenn Sie z. B. nach den Begriffen *windows shortcuts freeware* googeln, werden Sie schnell fündig.

Office-Tastenkürzel

Office-Tastenkürzel

Microsoft Office ist ein Paket, das aus mehreren Office-Programmen besteht. Im Folgenden machen Sie sich mit Tastenkürzeln für die Office-Programme Word, Excel, PowerPoint, OneNote sowie Outlook vertraut. Outlook ist allerdings nicht Bestandteil aller Office-Versionen. Die Tastenkürzel wurden hier auf der Basis von Microsoft Office 2016 gesammelt, die meisten Tastenkürzel lassen sich jedoch auch in früheren Office-Versionen anwenden.

Word

Microsoft Word ist der wohl wichtigste Bestandteil von Microsoft Office. Es handelt sich hierbei um ein Textverarbeitungsprogramm, mit dem sich Dokumente aller Art erstellen und bearbeiten lassen. Zur schnelleren und einfacheren Word-Bedienung verwenden Sie eine Vielzahl von Tastenkombinationen, die Sie auf den nächsten Seiten kennenlernen werden.

Word-Grundlagen	
Strg+N	Neues Dokument erstellen
Strg+O	Datei öffnen
Strg+S	Datei speichern
F12	Datei speichern unter
Strg+P	Druckansicht öffnen und Datei drucken
Strg+Alt+S	Dokumentfenster teilen bzw. Teilung zurücknehmen
Strg+W	Dokument schließen; Word bleibt dabei geöffnet
Strg+F1	Menüband ein- bzw. ausblenden
Strg+Alt+L	Ansicht: Seitenlayout
Strg+Alt+G	Ansicht: Gliederung

Word

Strg + Alt + N	Ansicht: Entwurf
Esc	Eine Aktion abbrechen
Strg + Z	Eine Aktion rückgängig machen
Strg + Y	Eine Aktion wiederholen bzw. rückgängig gemachte Aktion wiederherstellen
Strg + Alt + Z	Zwischen den vier zuletzt bearbeiteten Positionen wechseln
F1	Word-Hilfe aufrufen

Navigation

←	Cursor um ein Zeichen nach links bewegen
→	Cursor um ein Zeichen nach rechts bewegen
↑	Cursor um eine Zeile nach oben bewegen
↓	Cursor um eine Zeile nach unten bewegen
Strg + ←	Cursor um ein Wort nach links bewegen
Strg + →	Cursor um ein Wort nach rechts bewegen
Strg + ↑	Cursor um einen Absatz nach oben bewegen
Strg + ↓	Cursor um einen Absatz nach unten bewegen
Pos 1	Cursor zum Zeilenanfang bewegen
Ende	Cursor zum Zeilenende bewegen
Strg + Pos 1	Cursor zum Anfang des Dokuments bewegen
Strg + Ende	Cursor zum Ende des Dokuments bewegen
Bild ↑	Cursor eine Bildschirmseite nach oben bewegen
Bild ↓	Cursor eine Bildschirmseite nach unten bewegen

Office-Tastenkürzel

Strg + Bild ↑	Cursor zur vorigen Seite bewegen
Strg + Bild ↓	Cursor zur nächsten Seite bewegen
Strg + Alt + Bild ↑	Cursor an den Anfang des aktuell angezeigten Dokumentbereichs bewegen
Strg + Alt + Bild ↓	Cursor an das Ende des aktuell angezeigten Dokumentbereichs bewegen
↑, ↓, ←, →	In einer Tabelle eine Zelle nach oben, unten links oder rechts springen
⇥	In einer Tabelle zur nächsten Zelle springen; eventuell vorhandener Zellinhalt wird markiert
⇧ + ⇥	In einer Tabelle zur vorigen Zelle springen; eventuell vorhandener Zellinhalt wird markiert
Alt + Pos 1	In einer Tabelle zur ersten Zelle in einer Zeile springen
Alt + Ende	In einer Tabelle zur letzten Zelle in einer Zeile springen
Alt + Bild ↑	In einer Tabelle zur ersten Zelle in einer Spalte springen
Alt + Bild ↓	In einer Tabelle zur letzten Zelle in einer Spalte springen

Markieren

Strg + A	Gesamtes Dokument markieren
⇧ + ←	Zeichen links vom Cursor markieren
⇧ + →	Zeichen rechts vom Cursor markieren
Strg + ⇧ + ←	Wort links vom Cursor markieren

Word

Strg + ⇧ + →	Wort rechts vom Cursor markieren
⇧ + Pos 1	Vom Cursor bis zum Anfang der Zeile markieren
⇧ + Ende	Vom Cursor bis zum Ende der Zeile markieren
⇧ + ↑	Zeile oberhalb des Cursors markieren
⇧ + ↓	Zeile unterhalb des Cursors markieren
Strg + ⇧ + ↑	Absatz oberhalb des Cursors markieren
Strg + ⇧ + ↓	Absatz unterhalb des Cursors markieren
⇧ + Bild ↑	Vom Cursor eine Bildschirmseite nach oben markieren
⇧ + ↓	Vom Cursor eine Bildschirmseite nach unten markieren
Strg + Alt + ⇧ + Bild ↓	Aktuell angezeigten Dokumentbereich markieren
Strg + ⇧ + Pos 1	Vom Cursor bis zum Anfang des Dokuments markieren
Strg + ⇧ + Ende	Vom Cursor bis zum Ende des Dokuments markieren
Klick	Links neben eine Zeile klicken, um sie zu markieren; Strg-Taste gedrückt halten, um mehrere Zeilen zu markieren
Doppelklick	Zweimal schnell hintereinander auf ein Wort klicken, um es zu markieren; Strg-Taste gedrückt halten, um mehrere Wörter zu markieren
Dreifachklick	Dreimal schnell hintereinander in einen Absatz klicken, um ihn zu markieren; Strg-Taste gedrückt halten, um mehrere Absätze zu markieren
Strg + Klick	Bei gedrückter Strg-Taste in einen Satz klicken, um ihn zu markieren
⇧ + Klick	Markiert Text vom Cursor bis zum Mauspfeil
⇥	In einer Tabelle Zellinhalt der nächsten Zelle markieren

Office-Tastenkürzel

⇧+⇆	In einer Tabelle Zellinhalt der vorigen Zelle markieren
⇧+↑	Tabellenspalte vom Cursor ab eine Zeile nach oben markieren
⇧+↓	Tabellenspalte vom Cursor ab eine Zeile nach unten markieren
Alt+⇧+Bild↑	Tabellenspalte vom Cursor ab bis ganz nach oben markieren
Alt+⇧+Bild↓	Tabellenspalte vom Cursor ab bis ganz nach unten markieren
Alt+5	Gesamte Tabelle markieren (die Taste 5 muss auf der numerischen Tastatur gedrückt werden)
F8	Markierungsmodus aktivieren; durch weiteres Drücken der F8-Taste bestimmen Sie, was markiert werden soll
⇧+F8	Markieren im Markierungsmodus in umgekehrter Reihenfolge
Esc	Markierungsmodus deaktivieren

Löschen

⇐	Zeichen links vom Cursor löschen
Entf	Zeichen rechts vom Cursor löschen
Strg+⇐	Wort links vom Cursor löschen
Strg+Entf	Wort rechts vom Cursor löschen
Strg+⇧+H	Markierten Text ausblenden (wird bei Auswahl *Alle anzeigen* punktiert unterstrichen dargestellt)

Word

Einfügen

`F2`	Verschieben: Objekt markieren, `F2`-Taste drücken, Cursor in neue Position bringen und Objekt per `↵`-Taste einfügen
`⇧`+`F2`	Kopieren: Objekt markieren, `⇧`+`F2` drücken, Cursor in neue Position bringen und Kopie des Objekts per `↵`-Taste einfügen
`Strg`+`C`	Markiertes Element in die Zwischenablage kopieren
`Strg`+`X`	Markiertes Element in die Zwischenablage ausschneiden
`Strg`+`V`	Element aus der Zwischenablage an Cursorposition einfügen
`Strg`+`F3`	Markiertes Element ausschneiden und Sammlung hinzufügen (Alternative zur Zwischenablage)
`Strg`+`⇧`+`F3`	Aus Sammlung einfügen
`Strg`+`⇧`+`C`	Formatierung kopieren
`Strg`+`⇧`+`V`	Formatierung zuweisen
`↵`	Neuen Absatz (harten Zeilenumbruch) einfügen
`⇧`+`↵`	Weichen Zeilenumbruch einfügen
`⇆`	Tabstopp einfügen
`Strg`+`⇆`	Tabstopp in Zelle einer Tabelle einfügen
`Strg`+`↵`	Seitenumbruch einfügen
`Strg`+`⇧`+`↵`	Spaltenumbruch einfügen
`Strg`+`Alt`+`V`	Sofern Zwischenablage nicht leer, das Dialogfenster *Inhalte einfügen* aufrufen

Office-Tastenkürzel

Felder

Strg + F9	Feld einfügen
Strg + ⇧ + F9	Markiertes Feld löschen
⇧ + F9	Zwischen Feldfunktion und Ergebnis eines einzelnen Feldes wechseln
Alt + F9	Zwischen Feldfunktion und Ergebnis aller Felder im Dokument wechseln
F9	Felder aktualisieren
F11	Nächstes Feld anzeigen
Strg + F11	Feld sperren, damit es nicht mehr aktualisiert werden kann
Strg + ⇧ + F11	Sperre eines Feldes aufheben

Sonderzeichen (Auswahl)

Übrigens: Statt AltGr können jeweils auch die Tasten Strg + Alt gedrückt werden; umgekehrt können die Tasten Strg + Alt in anderen Tastenkombinationen durch die Taste AltGr ersetzt werden.

Strg + ⇧ + Leer	° (geschützte Leerstelle einfügen)
Strg + ⇧ + -	- (geschützten Trennstrich einfügen)
Strg + -	¬ (weichen Trennstrich einfügen)
Alt + 1 (numerische Tastatur)	☺ (Smiley)
Alt + 2 (numerische Tastatur)	☻ (Smiley in Schwarz)
Alt + 3 (numerische Tastatur)	♥ (Herz)
Alt + 4 (numerische Tastatur)	♦ (Karo)
Alt + 5 (numerische Tastatur)	♣ (Kreuz)

Word

Alt +6 (numerische Tastatur)	♠ (Pik)
Alt +7 (numerische Tastatur)	• (Punkt in der Zeilenmitte)
Alt +8 (numerische Tastatur)	◘ (invertierter Punkt)
Alt +9 (numerische Tastatur)	○ (Punkt in Weiß)
Alt +10 (numerische Tastatur)	◙ (invertierter Punkt in Schwarz)
Alt +11 (numerische Tastatur)	♂ (männlich)
Alt +12 (numerische Tastatur)	♀ (weiblich)
Alt +13 (numerische Tastatur)	♪ (Achtelnote)
Alt +14 (numerische Tastatur)	♫ (zwei Achtelnoten)
Alt +15 (numerische Tastatur)	☼ (Sonne)
Alt +16 (numerische Tastatur)	▶ (Pfeil nach rechts)
Alt +17 (numerische Tastatur)	◀ (Pfeil nach links)
Alt +18 (numerische Tastatur)	↕ (Doppelpfeil senkrecht)
Alt +19 (numerische Tastatur)	‼ (zwei Ausrufezeichen)
Alt +20 (numerische Tastatur)	¶ (Absatzmarke)
Alt +29 (numerische Tastatur)	↔ (Doppelpfeil waagerecht)
Alt +0132 (numerische Tastatur)	„ (Anführungszeichen deutsch unten)
Alt +0148 (numerische Tastatur)	" (Anführungszeichen deutsch oben)
Alt +0044 (numerische Tastatur)	‚ (Anführungszeichen deutsch einfach unten)
Alt +0145 (numerische Tastatur)	' (Anführungszeichen deutsch einfach oben)
Alt +0187 (numerische Tastatur)	» (Anführungszeichen französisch auf)
Alt +0171 (numerische Tastatur)	« (Anführungszeichen französisch zu)
Alt +0155 (numerische Tastatur)	› (Anführungszeichen französisch einfach auf)

Office-Tastenkürzel

Alt +0139 (numerische Tastatur)	‹ (Anführungszeichen französisch einfach zu)
Alt +0137	‰ (pro Tausend)
Alt +0960	π (Pi)
Alt +0163 (numerische Tastatur)	£ (Britisches Pfund)
Alt +0165 (numerische Tastatur)	¥ (Japanischer Yen / Chinesischer Renminbi)
Alt +0191 (numerische Tastatur)	¿ (umgedrehtes Fragezeichen)
Alt +0161 (numerische Tastatur)	¡ (umgedrehtes Ausrufezeichen)
Alt +0134 (numerische Tastatur)	† (Kreuz)
Strg + - (numerische Tastatur)	– (Gedankenstrich)
AltGr + - (numerische Tastatur)	— (Geviertstrich)
AltGr + <	| (senkrechter Strich)
AltGr + .	... (Auslassungszeichen)
AltGr + +	~ (Tilde)
AltGr + 8	[(eckige Klammer auf)
AltGr + 9	] (eckige Klammer zu)
AltGr + 7	{ (geschweifte Klammer auf)
AltGr + 0	} (geschweifte Klammer zu)
AltGr + ß	\ (Backslash)
AltGr + C	© (Copyright)
AltGr + E	€ (Euro)
AltGr + R	® (Registered)
AltGr + T	™ (Trademark)
Strg + ⇧ + B	Modus zum Eingeben griechischer Zeichen

Word

Suchen

`Strg`+`F`	Suchleiste einblenden
`⇧`+`F4`	Auch bei geschlossener Suchleiste weitersuchen
`Strg`+`G`	Zu einer bestimmten Seite springen
`Strg`+`H`	Suchen und ersetzen

Zeichen formatieren

`Strg`+`D`	Dialogfenster für die Schriftart aufrufen
`Strg`+`⇧`+`F`	Markierten Text fett formatieren
`Strg`+`⇧`+`K`	Markierten Text kursiv formatieren
`Strg`+`⇧`+`U`	Markierten Text unterstrichen formatieren
`Strg`+`⇧`+`D`	Markierten Text doppelt unterstrichen formatieren
`Strg`+`⇧`+`W`	Nur die Wörter des markierten Textes unterstrichen formatieren
`Strg`+`⇧`+`G`	Markierten Text ausschließlich in Großbuchstaben formatieren
`⇧`+`F3`	Wechseln zwischen Formatierung des markierten Textes ausschließlich in Großbuchstaben, ausschließlich in Kleinbuchstaben sowie großem Anfangsbuchstaben und folgenden Kleinbuchstaben
`Strg`+`⇧`+`Q`	Markierten Text als Kapitälchen formatieren
`Strg`+`#`	Markierten Text tiefgestellt formatieren
`Strg`+`+`	Markierten Text hochgestellt formatieren
`Strg`+`<`	Schriftgrad des markierten Textes um die Stufen im Schriftgradmenü verringern

Office-Tastenkürzel

`Strg`+`⇧`+`<`	Schriftgrad des markierten Textes um die Stufen im Schriftgradmenü erhöhen
`Strg`+`8`	Schriftgrad des markierten Textes um einen Punkt verringern
`Strg`+`9`	Schriftgrad des markierten Textes um einen Punkt erhöhen
`Strg`+`K`	Markierten Text mit einem Link versehen
`⇧`+`F1`	Formatierungen in einer rechts eingeblendeten Leiste anzeigen
`Strg`+`Leer`	Formatierungen aus markiertem Text entfernen

Absätze formatieren

`Strg`+`L`	Absatz linksbündig ausrichten
`Strg`+`R`	Absatz rechtsbündig ausrichten
`Strg`+`E`	Absatz zentriert ausrichten
`Strg`+`B`	Absatz im Blocksatz ausrichten
`Strg`+`0`	Zeilenabstand vor Absatz hinzufügen bzw. wieder entfernen
`Strg`+`1`	Einfachen Zeilenabstand festlegen
`Strg`+`5`	1,5-fachen Zeilenabstand festlegen
`Strg`+`2`	Doppelten Zeilenabstand festlegen
`Strg`+`M`	Einzug vergrößern; erneutes Drücken der Taste `M` bewirkt weiteres Vergrößern des Einzugs
`Strg`+`⇧`+`M`	Einzug verkleinern; erneutes Drücken der Taste `M` bewirkt weiteres Verkleinern des Einzugs

Word

Strg+T	Hängenden Einzug erstellen; erneutes Drücken der Taste T bewirkt weiteres Vergrößern des hängenden Einzugs
Strg+⇧+T	Hängenden Einzug verkleinern; erneutes Drücken der Taste T bewirkt weiteres Verkleinern des hängenden Einzugs
Strg+Q	Absatzformatierungen entfernen
Strg+⇧++	Absatzmarkierungen und Formatierungssymbole ein- bzw. ausblenden
Alt+⇧+↑	Markierten Absatz nach oben verschieben
Alt+⇧+↓	Markierten Absatz nach unten verschieben

Formatvorlagen

Strg+Alt+⇧+S	Formatvorlagen aufrufen
Strg+⇧+N	Markiertem Text Formatvorlage *Standard* zuweisen
Alt+1	Markiertem Text Formatvorlage *Überschrift 1* zuweisen
Alt+2	Markiertem Text Formatvorlage *Überschrift 2* zuweisen
Alt+3	Markiertem Text Formatvorlage *Überschrift 3* zuweisen
Alt+⇧+←	Markiertem Text eine Überschriftenebene höher zuweisen
Alt+⇧+→	Markiertem Text eine Überschriftenebene tiefer zuweisen
Strg+J	AutoFormat anwenden
Strg+⇧+S	Formatvorlage übernehmen

Office-Tastenkürzel

Gliederungsansicht

`Alt`+`⇧`+`↑`	Ausgewähltes Element in der Gliederung nach oben verschieben
`Alt`+`⇧`+`↓`	Ausgewähltes Element in der Gliederung nach unten verschieben
`Alt`+`⇧`+`←`	Ausgewähltes Element in der Gliederung höher einstufen
`Alt`+`⇧`+`→`	Ausgewähltes Element in der Gliederung tiefer einstufen
`Strg`+`⇧`+`N`	Für markiertes Element Standardstufe festlegen
`Alt`+`⇧`+`1`(-`x`)	In der Gliederungsansicht nur die Überschriften bis zur angegebenen Gliederungsebene anzeigen
`Alt`+`+`	Text unterhalb einer Überschrift einblenden
`Alt`+`⇧`+`-`	Text unterhalb einer Überschrift ausblenden
`Alt`+`⇧`+`A`	Sämtlichen Text ein- bzw. wieder ausblenden

Ansicht Lesemodus

`Bild ↑`	Im Lesemodus nach oben blättern
`Bild ↓`	Im Lesemodus nach unten blättern
`Pos 1`	Im Lesemodus zum Anfang des Dokuments springen
`Ende`	Im Lesemodus zum Ende des Dokuments springen
Seitenzahl	Seitenzahl eingeben und mit `↵`-Taste bestätigen, um zu einer bestimmten Seite zu springen
`Esc`	Lesemodus beenden

Word

Verweise

`Strg`+`Alt`+`F`	Fußnote (unten auf einer Seite) einfügen
`Strg`+`Alt`+`D`	Endnote (am Ende des Dokuments) einfügen
`Strg`+`⇧`+`F5`	Textmarke einfügen
`Alt`+`⇧`+`X`	Ein markiertes Wort dem Index hinzufügen
`Alt`+`⇧`+`I`	Markierten Text als Zitat darstellen
`Alt`+`⇧`+`O`	Dem Inhaltsverzeichnis einen Eintrag hinzufügen

Korrigieren und Kommentieren

`F7`	Rechtschreibprüfung starten
`Alt`+`F7`	Vorschläge für nächstes zu korrigierendes Wort anzeigen
`⇧`+`F7`	Alternative Wörter vorschlagen (Option *Thesaurus*)
`Alt`+Klick	Wort anklicken, um es nachzuschlagen (Option *Recherchieren*)
`Strg`+`Alt`+`K`	Neuen Kommentar einfügen
`Strg`+`⇧`+`E`	Modus *Änderungen nachverfolgen* aktivieren bzw. deaktivieren

Weitere nützliche Tastenkürzel

`Alt`+`F3`	Baustein aus markiertem Element erstellen
`Strg`+`⇧`+`↵`	Eine Tabelle in derjenigen Zeile teilen, in der das Tastenkürzel angewendet wird
`Alt`+`F8`	Dialogfenster *Makros* aufrufen
`Alt`+`F11`	Aufrufen des Fensters *Microsoft Visual Basic for Applications*

Office-Tastenkürzel

Word-Tastenkürzel anpassen

In Word müssen Sie sich keineswegs auf die standardmäßig verfügbaren Tastenkürzel beschränken. Mit wenigen Handgriffen lassen sich individuelle Tastenkürzel festlegen. Ich zeige Ihnen hier anhand von Word 2016 Schritt für Schritt, wie es gemacht wird.

1. Entscheiden Sie sich im Menüband von Word zunächst für *Datei* und anschließend für *Optionen*.

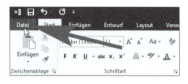

2. In den Word-Optionen entscheiden Sie sich nun in der Leiste links für den Eintrag *Menüband anpassen*. Im Bereich rechts klicken Sie dann unten bei *Tastenkombinationen* auf die Schaltfläche *Anpassen*.

Word

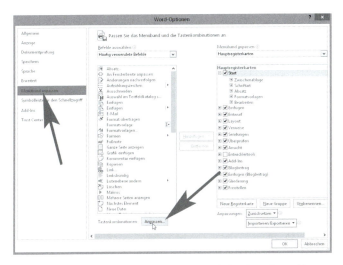

3. Im Dialogfenster *Tastatur anpassen* sehen Sie links oben das Feld *Kategorien*, rechts daneben das Feld *Befehle*.

Wählen Sie im linken Feld eine Kategorie aus und klicken Sie im rechten Feld einen Befehl an, für den Sie ein Tastenkürzel erstellen bzw. ein bestehendes Tastenkürzel ändern möchten. In diesem Fall möchte ich ein Tastenkürzel zum Ein- bzw. Ausblenden des Lineals erstellen.

Office-Tastenkürzel

4. Klicken Sie in das Feld *Neue Tastenkombination* und führen Sie dort die gewünschte Tastenkombination aus, hier z. B. [Strg]+[⇧]+[1]. Wichtig: Achten Sie darauf, dass das Tastenkürzel noch keiner anderen Funktion zugewiesen wurde. Ist dies der Fall, wird es Ihnen unter *Derzeit zugewiesen an* angezeigt, und Sie sollten ein anderes Tastenkürzel wählen – die ursprüngliche Funktion steht mit dem Tastenkürzel ansonsten nicht mehr zur Verfügung. Bestätigen Sie Ihre Auswahl mit der Schaltfläche *Zuordnen*.

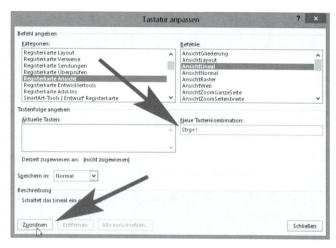

5. Wenn Sie die Bearbeitung der Tastenkürzel abschließen möchten, klicken Sie im Dialogfenster auf die Schaltfläche *Schließen* und bestätigen anschließend noch in den Word-Optionen mit OK. Probieren Sie die neu erstellten Tastenkürzel am besten gleich aus!

Touchmodus

Praktisch für Nutzer eines Touchscreens: Office 2016 bietet einen Touchmodus, der die Auswahl von Befehlen im Menüband mit dem Finger erleichtert – einfach dadurch, dass die Abstände der Schaltflächen im Menüband vergrößert werden. Um vom Maus- in den Touchmodus umzuschalten, gehen Sie folgendermaßen vor:

1. Klicken Sie links oben, z. B. in Word, in der Symbolleiste für den Schnellzugriff auf das Pfeilsymbol ( ) und entscheiden Sie sich im Menü für den Eintrag *Touch-/Mausmodus*, um das entsprechende Symbol in die Symbolleiste für den Schnellzugriff aufzunehmen.

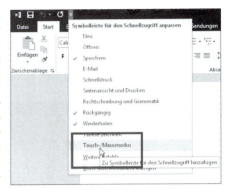

2. Klicken Sie als Nächstes das Touchsymbol ( ) an und entscheiden Sie sich im sich öffnenden Menü für die Option *Fingereingabe*.

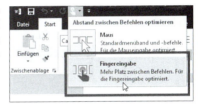

3. Sie stellen fest, dass das Menüband mit seinen Schaltflächen deutlich vergrößert wird. Um wieder in den Mausmodus zurück zu wechseln, wählen Sie unter dem Touchsymbol ( ) die Option *Maus*.

Office-Tastenkürzel

Tastenkürzel für weitere Sonderzeichen einblenden

Sie haben im Word-Kapitel Tastenkürzel zu einer Auswahl wichtiger Sonderzeichen erhalten. Hier ein kleiner Trick, wie Sie die Tastenkürzel weiterer Sonderzeichen ermitteln:

1. Entscheiden Sie sich im Menüband von Microsoft Word für die Registerkarte *Einfügen* und klicken Sie dann rechts im Menüband auf die Schaltfläche *Symbol*. Im sich öffnenden Menü wählen Sie den Eintrag *Weitere Symbole*.

2. Das Dialogfenster *Symbol* wird geöffnet. Klicken Sie auf das Drop-down-Menü rechts unten im Dialogfenster und wählen Sie den Eintrag *ASCII (dezimal)*.

3. Klicken Sie ein Symbol an, um sich im Feld *Zeichencode* den dazugehörigen ASCII-Code anzeigen zu lassen. Drücken Sie die [Alt]-Taste und geben Sie den Code auf der numerischen Tastatur ein, um das Zeichen ins Dokument einzufügen. Gegebenenfalls muss dem angezeigten Code noch eine 0 vorangestellt werden.

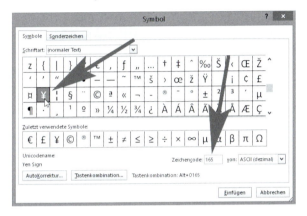

Übrigens: Wenn Sie im Dialogfenster *Symbol* auf die Schaltfläche *Tastenkombination* klicken, können Sie bei Bedarf ein neues Tastenkürzel für das Symbol erstellen.

Excel

Excel ist ein leistungsstarkes Tabellenkalkulationsprogramm, mit dem Sie nicht nur Tabellen und Diagramme aller Art erstellen, sondern auch komplexe Berechnungen durchführen können. Die Tastenkürzel, die Ihnen auf den nächsten Seiten vorgestellt werden, helfen Ihnen bei der effizienten Excel-Nutzung.

Office-Tastenkürzel

Excel-Grundlagen

Strg + N	Neue Arbeitsmappe erstellen
Alt + ⇧ + F1	Neues Tabellenblatt in einer Arbeitsmappe erstellen
Strg + O	Datei öffnen
Strg + S	Datei speichern
F12	Datei speichern unter
Strg + P	Druckansicht öffnen und Datei drucken
Strg + W	Tabellenblatt schließen; Excel bleibt dabei geöffnet
Strg + F1	Menüband ein- bzw. ausblenden
Esc	Eine Aktion abbrechen
Strg + Z	Eine Aktion rückgängig machen
Strg + Y	Eine Aktion wiederholen bzw. rückgängig gemachte Aktion wiederherstellen
F1	Excel-Hilfe aufrufen

Navigation

↵	Zur nächsten darunter befindlichen Zelle wechseln
⇧ + ↵	Zur nächsten darüber befindlichen Zelle wechseln
⇆	Zur nächsten rechts befindlichen Zelle wechseln
⇧ + ⇆	Zur nächsten links befindlichen Zelle wechseln
↑, ↓, ←, →	Zwischen den Zellen in die entsprechende Richtung wechseln bzw. in einer ausgewählten Zelle den Cursor in die entsprechende Richtung bewegen
Bild ↑	Eine Seite nach oben blättern

Excel

`Bild ↓`	Eine Seite nach unten blättern
`Alt` + `Bild ↑`	Eine Seite nach links blättern
`Alt` + `Bild ↓`	Eine Seite nach rechts blättern
`Strg` + `↑`	Zum oberen Rand des Datenbereichs springen
`Strg` + `↓`	Zum unteren Rand des Datenbereichs springen
`Strg` + `←`	Zum linken Rand des Datenbereichs springen
`Strg` + `→`	Zum rechten Rand des Datenbereichs springen
`Pos 1`	Zum Anfang einer Zeile springen
`Strg` + `Pos 1`	Zum Anfang eines Tabellenblatts springen
`Strg` + `Ende`	Zum Ende eines Tabellenblatts springen
`Strg` + `⇦`	Zur aktuell ausgewählten Zelle springen
`Strg` + `Bild ↑`	Zum vorigen Tabellen- oder Diagrammblatt in einer Arbeitsmappe wechseln
`Strg` + `Bild ↓`	Zum nächsten Tabellen- oder Diagrammblatt in einer Arbeitsmappe wechseln
`Strg` + `F6`	Zwischen mehreren geöffneten Arbeitsmappen wechseln
`Strg` + `⇧` + `F6`	Zwischen mehreren geöffneten Arbeitsmappen wechseln, und zwar in umgekehrter Reihenfolge

Rollen-Modus

`Rollen`	Aktiviert bzw. deaktiviert den Rollen-Modus (wird in der Statusleiste angezeigt)
`Pos 1`	Im Rollen-Modus in die erste Zelle des gerade angezeigten Fensterbereichs springen

Office-Tastenkürzel

Ende	Im Rollen-Modus in die letzte Zeile des gerade ange-zeigten Fensterbereichs springen
↑, ↓, ←, →	Im Rollen-Modus in die entsprechende Richtung scrollen, wobei die gerade aktive Zelle aktiv bleibt

Ende-Modus

Ende	Aktiviert bzw. deaktiviert den Ende-Modus (wird in der Statusleiste angezeigt)
Strg + Pos 1	Im Ende-Modus zum Anfang eines Tabellenblatts springen
Strg + Ende	Im Ende-Modus zum Ende eines Tabellenblatts springen
↵	Im Ende-Modus in einer Zeile zur letzten Zelle mit Inhalt springen
↑, ↓, ←, →	Verwendung im Ende-Modus entspricht Verwendung bei gedrückter Strg-Taste

Markieren

Strg + A	Tabellenblatt markieren
⇧ + Leer	Zeile markieren
Strg + Leer	Spalte markieren
⇧ + Pos 1	Von der ausgewählten Zelle bis zum Zeilenanfang markieren
Strg + ⇧ + Pos 1	Von der ausgewählten Zelle bis zum Anfang des Tabellenblatts markieren
Strg + ⇧ + Ende	Von der ausgewählten Zelle bis zum Ende des Tabellenblatts markieren

Excel

⇧+↑	Eine Zelle nach oben markieren
⇧+↓	Eine Zelle nach unten markieren
⇧+←	Eine Zelle nach links markieren
⇧+→	Eine Zelle nach rechts markieren
Strg+⇧+↑	Zellen nach oben markieren, und zwar bis zur nächsten Zelle mit Inhalt
Strg+⇧+↓	Zellen nach unten markieren, und zwar bis zur nächsten Zelle mit Inhalt
Strg+⇧+←	Zellen nach links markieren, und zwar bis zur nächsten Zelle mit Inhalt
Strg+⇧+→	Zellen nach rechts markieren, und zwar bis zur nächsten Zelle mit Inhalt
⇧+Bild↑	Eine Seite nach oben markieren
⇧+Bild↓	Eine Seite nach unten markieren
Alt+⇧+Bild↑	Eine Seite nach links markieren
Alt+⇧+Bild↓	Eine Seite nach rechts markieren
Strg+⇧+Leer	Sofern ein Objekt markiert ist, sämtliche Objekte im Tabellenblatt markieren
F8	Erweiterungsmodus aktivieren bzw. deaktivieren; das Markieren erfolgt entweder per Maus oder mit den Tasten ↑, ↓, ←, →
⇧+F8	Erweiterungsmodus zum Markieren nicht nebeneinander befindlicher Zellen aktivieren bzw. deaktivieren; das Markieren erfolgt mit der Maus
Strg+Klick	Mehrere nicht beieinanderliegende Zellen markieren

Office-Tastenkürzel

⇧+Klick	Mehrere beieinanderliegende Zellen markieren, wobei bei gedrückter ⇧-Taste zunächst die Startzelle und dann die Endzelle angeklickt wird
Klick+Ziehen	Mehrere beieinanderliegende Zellen markieren, indem zunächst in die Startzelle geklickt wird und dann bei gedrückter Maustaste der Auswahlbereich erweitert wird
↵	In einem markierten Bereich zur nächsten darunter befindlichen Zeile wechseln
⇧+↵	In einem markierten Bereich zur nächsten darüber befindlichen Zeile wechseln
⇄	In einem markierten Bereich von links nach rechts bzw. am Ende einer Zeile nach unten wechseln
⇧+⇄	In einem markierten Bereich von rechts nach links bzw. am Ende einer Zeile nach oben wechseln
Strg+⇧+#	In einem markierten Bereich zwischen den Ecken wechseln
⇧+⇦	In einem markierten Bereich zur gerade aktiven Zelle wechseln
Strg+Alt+←	Bei mehreren markierten Bereichen zum links gelegenen Bereich wechseln
Strg+Alt+→	Bei mehreren markierten Bereichen zum rechts gelegenen Bereich wechseln
Alt+⇧+8	In einer markierten Zeile diejenigen Zellen auswählen, die einen anderen Wert haben als die gerade aktive Zelle
Alt+⇧+9	In einer markierten Spalte diejenigen Zellen auswählen, die einen anderen Wert haben als die gerade aktive Zelle

82

Excel

`Alt`+`⇧`+`4`	Diejenigen Zellen auswählen, auf welche die Formel in der gerade aktiven Zelle direkt verweist
`Alt`+`⇧`+`7`	Diejenigen Zellen auswählen, auf welche die Formel in der gerade aktiven Zelle direkt oder indirekt verweist
`Alt`+`⇧`+`5`	Diejenigen Zellen auswählen, die auf die gerade aktive Zelle direkt verweisen
`Alt`+`⇧`+`6`	Diejenigen Zellen auswählen, die auf die gerade aktive Zelle direkt oder indirekt verweisen

Ausblenden und Löschen

`Strg`+`6`	Objekte ein- bzw. ausblenden
`Strg`+`7`	Gliederungssymbole ein- bzw. ausblenden
`Strg`+`9`	Markierte Zeilen ausblenden
`Strg`+`⇧`+`9`	Ausgeblendete Zeilen innerhalb der Markierung einblenden
`Strg`+`8`	Markierte Spalten ausblenden
`Strg`+`⇧`+`8`	Ausgeblendete Spalten innerhalb der Markierung einblenden
`Entf`	Inhalt der ausgewählten Zelle löschen bzw. innerhalb einer Zelle Zeichen rechts vom Cursor löschen
`⇐`	Inhalt der ausgewählten Zelle löschen bzw. innerhalb einer Zelle Zeichen links vom Cursor löschen
`Strg`+`Entf`	Innerhalb einer Zelle alle Zeichen rechts vom Cursor löschen
`Strg`+`-`	Ausgewählte Zelle löschen (es öffnet sich ein Dialogfenster, in dem auch das Löschen der ganzen Zeile oder Spalte ausgewählt werden kann)

Office-Tastenkürzel

Einfügen

Strg + +	Zelle einfügen (es öffnet sich ein Dialogfenster, in dem auch das Einfügen einer ganzen Zeile oder Spalte ausgewählt werden kann)
Alt + ←	Zeilenumbruch innerhalb einer Zelle einfügen
Strg + C	Ausgewählte Zelle bzw. markierten Zelleninhalt in die Zwischenablage kopieren
Strg + X	Ausgewählte Zelle bzw. markierten Zelleninhalt in die Zwischenablage ausschneiden
Strg + V	Aus der Zwischenablage einfügen
Strg + Alt + V	Sofern Zwischenablage nicht leer, das Dialogfenster *Inhalte einfügen* aufrufen
Strg + R	In einem markierten Bereich Inhalt der Zelle(n) links in rechts daneben befindliche, ebenfalls markierte Zelle(n) kopieren
Strg + U	In einem markierten Bereich Inhalt der Zelle(n) oben in unterhalb befindliche, ebenfalls markierte Zelle(n) kopieren
Strg + T	Dialogfenster *Tabelle erstellen* aufrufen
Strg + .	Datum einfügen
Strg + ⇧ + .	Uhrzeit einfügen

Formatieren

F2	Zellinhalt einer ausgewählten Zelle bearbeiten
Doppelklick	Auf eine Zelle doppelklicken, um Zellinhalt zu bearbeiten

Excel

`Alt`+`⇧`+`#`	Dialogfenster *Formatvorlage* aufrufen
`Strg`+`1`	Dialogfenster *Zellen formatieren* aufrufen
`Strg`+`2`	Markierten Text fett formatieren
`Strg`+`3`	Markierten Text kursiv formatieren
`Strg`+`4`	Markierten Text unterstrichen formatieren
`Strg`+`5`	Markierten Text durchgestrichen formatieren
`Strg`+`K`	Ausgewählte Zelle mit einem Link versehen
`Strg`+`⇧`+`-`	Ausgewählte Zelle mit einem Rahmen versehen
`Strg`+`Alt`+`⇧`+`-`	Rahmen um eine oder mehrere Zellen wieder entfernen
`Strg`+`⇧`+`1`	Als Zahl der Kategorie *Zahl* formatieren
`Strg`+`⇧`+`2`	Als Zahl der Kategorie *Wissenschaft* formatieren
`Strg`+`⇧`+`4`	Als Zahl der Kategorie *Währung* formatieren
`Strg`+`⇧`+`5`	Als Zahl der Kategorie *Prozent* formatieren
`Strg`+`⇧`+`6`	Als Zahl der Kategorie *Standard* formatieren
`Strg`+`^`	Als Zahl der Kategorie *Uhrzeit* formatieren
`Strg`+`#`	Als Zahl der Kategorie *Datum* formatieren

Suchen

`Strg`+`F`	Suchen
`⇧`+`F4`	Auch bei geschlossenem Dialogfenster weitersuchen
`Strg`+`G`	Gehe zu
`Strg`+`H`	Suchen und ersetzen

Office-Tastenkürzel

Daten und Formeln

`Alt`+`↓`	Werte in einer Spalte als Drop-down-Menü einblenden
`Strg`+`F3`	Namens-Manager aufrufen
`Strg`+`⇧`+`F3`	Namen aus Auswahl erstellen
`⇧`+`0`	Mit dem Zeichen = (ist gleich) eine Formel beginnen
`+`	Zeichen für Addition in eine Formel einfügen
`-`	Zeichen für Subtraktion in eine Formel einfügen
`⇧`+`+`	Zeichen für Multiplikation in eine Formel einfügen
`⇧`+`7`	Zeichen für Division in eine Formel einfügen
`Alt`+`⇧`+`0`	AutoSumme einfügen
`Strg`+`⇧`+`⏎`	Matrixformel eingeben
`Strg`+`.`	Formel aus der Zelle darüber kopieren
`Strg`+`⇧`+`.`	Wert aus der Zelle darüber kopieren
`⇧`+`F3`	Dialogfenster *Funktion einfügen* aufrufen
`Strg`+`A`	In einer Formel angewandt, die sich rechts neben dem Funktionsnamen befindet, das Dialogfenster *Funktionsargumente* aufrufen
`Strg`+`⇧`+`A`	In einer Formel angewandt, die sich rechts neben dem Funktionsnamen befindet, Argumentnamen und Klammern einfügen
`F9`	Alle Tabellenblätter in allen geöffneten Arbeitsmappen berechnen
`⇧`+`F9`	Nur das aktuell geöffnete Tabellenblatt berechnen
`Strg`+`Alt`+`F9`	Alle Tabellenblätter in allen geöffneten Arbeitsmappen berechnen, auch wenn es seit der letzten Berechnung keine Änderungen gab

Excel

`Strg`+`Alt`+`⇧`+`F9`	Abhängige Formeln überprüfen und alle Zellen in allen geöffneten Arbeitsmappen berechnen, auch wenn diese nicht für die Berechnung markiert sind

Diagramme

`F11`	Diagramm aus den ausgewählten Daten auf neuem Diagrammblatt erstellen
`Alt`+`F1`	Diagramm aus den ausgewählten Daten innerhalb des Tabellenblatts erstellen
`↑`, `↓`, `←`, `→`	Innerhalb eines Diagramms navigieren

Überprüfen und Kommentieren

`F7`	Rechtschreibprüfung starten
`Alt`+Klick	Wort anklicken, um es nachzuschlagen (Option *Recherchieren*)
`⇧`+`F2`	Neuer Kommentar
`Strg`+`⇧`+`O`	Alle Zellen markieren, die einen Kommentar enthalten
`Alt`+`⇧`+`F10`	Smarttag-Menü öffnen oder Nachrichten der Fehler-überprüfung anzeigen

Weitere nützliche Tastenkürzel

`Alt`+`F8`	Dialogfenster *Makros* aufrufen
`Alt`+`F11`	Aufrufen des Fensters *Microsoft Visual Basic for Applications*
`Strg`+`F11`	Neues Tabellenblatt für Makros einfügen

Office-Tastenkürzel

PowerPoint

PowerPoint ist das dritte Standardprogramm im Office-Paket von Microsoft. Es dient dem Erstellen ansprechender Präsentationen auf Folien, die dann z. B. mithilfe eines Beamers einem größeren Publikum gezeigt werden können. Die folgenden Tastenkombinationen erleichtern Ihnen den Umgang mit PowerPoint ungemein!

PowerPoint-Grundlagen	
Strg + N	Neue Präsentation erstellen
Strg + M	Neue Folie erstellen
Strg + O	Datei öffnen
Strg + S	Datei speichern
F12	Datei speichern unter
Strg + P	Druckansicht öffnen und Datei drucken
Strg + W	Präsentation schließen; PowerPoint bleibt dabei geöffnet
Strg + F1	Menüband ein- bzw. ausblenden
Strg + ⇧ + ⇥	Zwischen der Ansicht Normal und der Gliederungsansicht wechseln
Alt + ⇧ + F9	Lineal ein- bzw. ausblenden
⇧ + F9	Gitternetzlinien ein- bzw. ausblenden
Alt + F9	Führungslinien ein- bzw. ausblenden
Esc	Eine Aktion abbrechen
Strg + Z	Eine Aktion rückgängig machen
Strg + Y	Eine Aktion wiederholen bzw. rückgängig gemachte Aktion wiederherstellen
F1	PowerPoint-Hilfe aufrufen

PowerPoint

Navigation

`⇥`	Zwischen den Objekten auf einer Folie wechseln
`⇧`+`⇥`	Zwischen den Objekten auf einer Folie wechseln, und zwar in umgekehrter Reihenfolge
`↑`, `←`	Eine Folie nach oben blättern (oder markiertes Objekt bewegen)
`↓`, `→`	Eine Folie nach unten blättern (oder markiertes Objekt bewegen)
`Strg`+`↵`	In einer Folie zum nächsten Platzhalter springen; wenn auf der Folie kein Platzhalter mehr vorhanden ist, wird eine neue Folie erstellt
`←`	In einem Textfeld Cursor um ein Zeichen nach links bewegen
`→`	In einem Textfeld Cursor um ein Zeichen nach rechts bewegen
`Strg`+`←`	In einem Textfeld Cursor um ein Wort nach links bewegen
`Strg`+`→`	In einem Textfeld Cursor um ein Wort nach rechts bewegen
`↑`	In einem Textfeld Cursor um eine Zeile nach oben bewegen
`↓`	In einem Textfeld Cursor um eine Zeile nach unten bewegen
`Strg`+`↑`	In einem Textfeld Cursor um einen Absatz nach oben bewegen und an den Zeilenanfang setzen
`Strg`+`↓`	In einem Textfeld Cursor um einen Absatz nach unten bewegen und an das Zeilenende setzen
`Pos 1`	In einem Textfeld zum Anfang einer Zeile springen

Office-Tastenkürzel

Ende	In einem Textfeld zum Ende einer Zeile springen
Strg + Pos 1	Zum Anfang eines Textfeldes springen
Strg + Ende	Zum Ende eines Textfeldes springen

Tabellen

↑	In einer Tabelle zur nächsten oberhalb befindlichen Zelle wechseln
↓	In einer Tabelle zur nächsten unterhalb befindlichen Zelle wechseln
→	In einer Tabelle zur nächsten rechts befindlichen Zelle wechseln
←	In einer Tabelle zur nächsten links befindlichen Zelle wechseln
⇆	Wenn die ⇆-Taste in der letzten Zelle einer Tabelle gedrückt wird, wird eine neue Zeile eingefügt
Strg + ⇆	In einer Tabelle Tabstopp in einer Zelle einfügen

Markieren

⇧ + ←	In einem Textfeld Zeichen links vom Cursor markieren
⇧ + →	In einem Textfeld Zeichen rechts vom Cursor markieren
Strg + ⇧ + ←	In einem Textfeld Wort links vom Cursor markieren
Strg + ⇧ + →	In einem Textfeld Wort rechts vom Cursor markieren
⇧ + ↑	In einem Textfeld Zeile oberhalb markieren
⇧ + ↓	In einem Textfeld Zeile unterhalb markieren

PowerPoint

`Strg`+`⇧`+`↑`	In einem Textfeld sämtlichen Text oberhalb des Cursors markieren
`Strg`+`⇧`+`↓`	In einem Textfeld sämtlichen Text unterhalb des Cursors markieren
`Strg`+`A`	Den gesamten Text in einem Textfeld markieren bzw. alle Folien im Navigationsbereich auswählen
`↵`	Den gesamten Text in einem Textfeld markieren, wenn das Textfeld selbst ausgewählt ist

Löschen

`⇐`	Ausgewähltes Objekt löschen; Inhalt eines ausgewählten Platzhalters löschen; in einem Textfeld Zeichen links vom Cursor löschen
`Entf`	Ausgewähltes Objekt löschen; Inhalt eines ausgewählten Platzhalters löschen; in einem Textfeld Zeichen rechts vom Cursor löschen
`Strg`+`⇐`	In einem Textfeld Wort links vom Cursor löschen
`Strg`+`Entf`	In einem Textfeld Wort rechts vom Cursor löschen

Einfügen

`Strg`+`D`	Ausgewählte Folie duplizieren
`Strg`+`C`	Markierten Text bzw. ausgewähltes Objekt in die Zwischenablage kopieren
`Strg`+`X`	Markierten Text bzw. ausgewähltes Objekt in die Zwischenablage ausschneiden
`Strg`+`V`	Aus der Zwischenablage einfügen
`Strg`+`⇧`+`C`	Formatierung kopieren

Office-Tastenkürzel

Strg + ⇧ + V	Formatierung zuweisen
Strg + Alt + V	Sofern Zwischenablage nicht leer, das Dialogfenster *Inhalte einfügen* aufrufen

Formatieren

Strg + T	Dialogfenster *Schriftart* aufrufen
Strg + ⇧ + F	Markierten Text in einem Textfeld fett formatieren
Strg + ⇧ + K	Markierten Text in einem Textfeld kursiv formatieren
Strg + ⇧ + U	Markierten Text in einem Textfeld unterstrichen formatieren
Strg + ⇧ + +	Markierten Text in einem Textfeld hochgestellt formatieren
Strg + +	Markierten Text in einem Textfeld tiefgestellt formatieren
Strg + ⇧ + .	Schriftgrad erhöhen
Strg + ⇧ + ,	Schriftgrad verringern
⇧ + F3	Wechseln zwischen Formatierung des markierten Textes ausschließlich in Großbuchstaben, ausschließlich in Kleinbuchstaben sowie großem Anfangsbuchstaben und folgenden Kleinbuchstaben
Strg + L	Absatz in einem Textfeld linksbündig ausrichten
Strg + R	Absatz in einem Textfeld rechtsbündig ausrichten
Strg + E	Absatz in einem Textfeld zentriert ausrichten
Strg + J	Absatz in einem Textfeld im Blocksatz ausrichten
Strg + K	Link einfügen
Strg + Leer	Formatierungen aus markiertem Text entfernen

PowerPoint

Objekte

$\uparrow$, $\downarrow$, $\leftarrow$, $\rightarrow$	Ausgewähltes Objekt in die entsprechende Richtung verschieben
$\Uparrow$ + $\uparrow$	Ausgewähltes Objekt in der Höhe vergrößern
$\Uparrow$ + $\downarrow$	Ausgewähltes Objekt in der Höhe verkleinern
$\Uparrow$ + $\leftarrow$	Ausgewähltes Objekt in der Breite verkleinern
$\Uparrow$ + $\rightarrow$	Ausgewähltes Objekt in der Breite vergrößern
Strg + $\Uparrow$ + $\uparrow$	Ausgewähltes Objekt in Feinabstufungen in der Höhe vergrößern
Strg + $\Uparrow$ + $\downarrow$	Ausgewähltes Objekt in Feinabstufungen in der Höhe verkleinern
Strg + $\Uparrow$ + $\leftarrow$	Ausgewähltes Objekt in Feinabstufungen in der Breite verkleinern
Strg + $\Uparrow$ + $\rightarrow$	Ausgewähltes Objekt in Feinabstufungen in der Breite vergrößern
Alt + $\leftarrow$	Ausgewähltes Objekt nach links drehen
Alt + $\rightarrow$	Ausgewähltes Objekt nach rechts drehen
Strg + Alt + $\leftarrow$	Ausgewähltes Objekt in Feinabstufungen nach links drehen
Strg + Alt + $\rightarrow$	Ausgewähltes Objekt in Feinabstufungen nach rechts drehen

Gliederungsansicht

Alt + $\Uparrow$ + $\uparrow$	Ein Element in der Gliederung nach oben verschieben
Alt + $\Uparrow$ + $\downarrow$	Ein Element in der Gliederung nach unten verschieben
Alt + $\Uparrow$ + $\leftarrow$	Ein Element höher stufen

93

Office-Tastenkürzel

Alt + ⇧ + →	Ein Element tiefer stufen
Alt + ⇧ + 1	In der Gliederungsansicht nur die Überschriften anzeigen
Alt + ⇧ + -	Text unterhalb einer Überschrift ausblenden
Alt + ⇧ + +	Text unterhalb einer Überschrift einblenden
Alt + ⇧ + A	Sämtlichen Text einblenden

Auswahlbereich

Alt + F10	Auswahlbereich ein- bzw. ausblenden
Leer	Element auswählen
Alt + Leer	Auswahl eines Elements aufheben
↑	Element nach oben auswählen
↓	Element nach unten auswählen
←	Übergeordnete Gruppe eines Elements auswählen
→	Erstes Element in der übergeordneten Gruppe auswählen
⇧ + ↑	Element nach oben auswählen und gleichzeitig Objekt in der Folie markieren
⇧ + ↓	Element nach unten auswählen und gleichzeitig Objekt in der Folie markieren
Strg + ⇧ + F	Element nach vorn verschieben
Strg + ⇧ + B	Element nach hinten verschieben
Strg + ⇧ + S	Element ein- bzw. ausblenden
F2	Ausgewähltes Element umbenennen
Alt + ⇧ + 9	Gruppen erweitern

PowerPoint

Suchen

Strg + F	Präsentation durchsuchen
⇧ + F4	Auch bei geschlossenem Suchfenster weitersuchen
Strg + H	Suchen und ersetzen

Überprüfen und Kommentieren

F7	Rechtschreibprüfung starten
⇧ + F7	Alternative Wörter vorschlagen (Option *Thesaurus*)
Alt + Klick	Wort anklicken, um es nachzuschlagen (Option *Recherchieren*)

Probe bzw. Aufnahme

E	Neue Zeit verwenden
O	Originalzeit verwenden
M	Manuell per Mausklick zur nächsten Folie wechseln
R	Erneutes Aufzeichnen von Folienkommentar und Anzeigedauer

Präsentieren

F5	Präsentation von Beginn an starten
⇧ + F5	Präsentation ab der aktuellen Folie starten
N	Nächste Folie bzw. Animation anzeigen (ebenfalls möglich: Leer , ↵ , ↓ , → , Bild↓ , Klick)

95

Office-Tastenkürzel

P	Vorherige Folie bzw. Animation anzeigen (ebenfalls möglich: ⇐, ↑, ←, Bild↑)
H	Zur nächsten Folie wechseln, falls diese ausgeblendet ist
B	Eine leere schwarze Folie anzeigen; mit einer beliebigen Taste wird die Präsentation fortgesetzt
⎵	Ebenfalls eine leere schwarze Folie anzeigen; mit einer beliebigen Taste wird die Präsentation fortgesetzt
W	Eine leere weiße Folie anzeigen; mit einer beliebigen Taste wird die Präsentation fortgesetzt
.	Ebenfalls eine leere weiße Folie anzeigen; mit einer beliebigen Taste wird die Präsentation fortgesetzt
Foliennummer	Foliennummer eingeben und mit der ⏎-Taste bestätigen, um die entsprechende Folie aufzurufen
Strg+-	Folie verkleinern bzw. alle Folien anzeigen
Strg++	Folie vergrößern
Strg+S	Dialogfenster *Alle Folien* aufrufen
Strg+T	Während der Präsentation Taskleiste einblenden
Strg+A	Zeiger als Pfeil verwenden
Strg+E	Zeiger als Radierer verwenden
Strg+I	Zeiger als Textmarker verwenden
Strg+L	Zeiger als Laserpointer verwenden
Strg+P	Zeiger als Stift verwenden
Strg+M	Freihandmarkierungen aus- bzw. wieder einblenden
L	Zeichnung auf dem Bildschirm löschen
Strg+H	Pfeil ausblenden

PowerPoint

Strg + U	Pfeil einblenden
⇆	Auf einer Folie zwischen den Links wechseln
⇧ + ⇆	Auf einer Folie zwischen den Links wechseln, und zwar in umgekehrter Reihenfolge
↵	Ausgewählten Link öffnen
Esc	Präsentation beenden

Medienwiedergabe

Alt + P	Medienwiedergabe pausieren bzw. fortsetzen
Alt + Q	Medienwiedergabe beenden
Alt + ⇧ + ←	Schneller Rücklauf
Alt + ⇧ + →	Schneller Vorlauf
Strg + Alt + ⇧ + ←	Langsamer Rücklauf
Strg + Alt + ⇧ + →	Langsamer Vorlauf
Alt + ↑	Lautstärke erhöhen
Alt + ↓	Lautstärke verringern
Alt + U	Stummschalten aktivieren bzw. deaktivieren

Weitere nützliche Tastenkürzel

Alt + F8	Dialogfenster *Makros* aufrufen
Alt + F11	Aufrufen des Fensters *Microsoft Visual Basic for Applications*

Office-Tastenkürzel

OneNote

Bei diesem kleineren Programm des Office-Pakets handelt es sich um ein nützliches Notizen-Tool, das sich besonders dadurch auszeichnet, dass es programmübergreifend eingesetzt werden kann. Mit den Tastenkürzeln, die Sie auf den nächsten Seiten finden, holen Sie alles aus OneNote heraus!

OneNote-Grundlagen	
Strg+O	Notizbuch öffnen
Strg+Alt+⇧+O	Abschnitt in einem Notizbuch öffnen
Strg+N	Neue Seite am Ende eines Abschnitts erstellen
Strg+Alt+N	Neue Seite auf der gleichen Ebene erstellen
Strg+Alt+⇧+N	Neue Unterseite erstellen
Strg+⇧+T	Titel der Seite ändern
Strg+T	Neuen Abschnitt im Notizbuch erstellen
Strg+M	Neues OneNote-Fenster öffnen
Strg+⇧+M	Neues Fenster für schnelle Notiz öffnen
Strg+Alt+D	OneNote-Fenster rechts auf dem Bildschirm andocken
Strg+⇧+R	Hilfslinien ein- bzw. ausblenden
Strg+P	Datei drucken
Strg+F1	Menüband ein- bzw. ausblenden
F11	Vollbildmodus aktivieren bzw. deaktivieren
Strg+Alt+⇧++	Ansicht vergrößern
Strg+Alt+⇧+-	Ansicht verkleinern
Esc	Eine Aktion abbrechen

OneNote

Strg + Z	Eine Aktion rückgängig machen
Strg + Y	Eine Aktion wiederholen bzw. rückgängig gemachte Aktion wiederherstellen
F1	OneNote-Hilfe aufrufen

Navigation

Alt + ←	Eine Seite zurückblättern
Alt + →	Eine Seite vorblättern
Strg + G	In die Notizbuch-Leiste wechseln
Strg + ⇧ + G	In das Abschnittsregister wechseln
Strg + Alt + G	In die Seitenliste wechseln
⇆	Sofern ein Objekt markiert ist, zwischen den Objekten auf einer Seite wechseln
⇧ + ⇆	Sofern ein Objekt markiert ist, zwischen den Objekten auf einer Seite wechseln, und zwar in umgekehrter Reihenfolge
←	Cursor ein Zeichen nach links bewegen
→	Cursor ein Zeichen nach rechts bewegen
Strg + ←	Cursor ein Wort nach links bewegen
Strg + →	Cursor ein Wort nach rechts bewegen
↑	Cursor eine Zeile nach oben bewegen
↓	Cursor eine Zeile nach unten bewegen
Strg + ↑	Cursor einen Absatz nach oben bewegen
Strg + ↓	Cursor einen Absatz nach unten bewegen

Office-Tastenkürzel

`Bild ↑`	Eine Seite nach oben scrollen
`Bild ↓`	Eine Seite nach unten scrollen
`Pos 1`	Zum Anfang einer Zeile springen
`Ende`	Zum Ende einer Zeile springen
`Strg`+`Pos 1`	Zum Anfang der Seite springen
`Strg`+`Ende`	Zum letzten Inhalt auf der Seite springen
`Strg`+`⇆`	Zwischen den Abschnitten wechseln
`Strg`+`⇧`+`⇆`	Zwischen den Abschnitten wechseln, und zwar in umgekehrter Reihenfolge
`Strg`+`Bild ↑`	Vorherige Seite in einem Abschnitt anzeigen
`Strg`+`Bild ↓`	Nächste Seite in einem Abschnitt anzeigen
`Alt`+`Pos 1`	Erste Seite in einem Abschnitt anzeigen
`Alt`+`Ende`	Letzte Seite in einem Abschnitt anzeigen

Markieren

`Strg`+`⇧`+`D`	Seite markieren
`Strg`+`A`	Auf einer Seite alles auswählen bzw. alle Seiten auswählen
`⇧`+`←`	In einer Notiz Zeichen links vom Cursor markieren
`⇧`+`→`	In einer Notiz Zeichen rechts vom Cursor markieren
`Strg`+`⇧`+`←`	In einer Notiz Wort links vom Cursor markieren
`Strg`+`⇧`+`→`	In einer Notiz Wort rechts vom Cursor markieren
`⇧`+`↑`	In einer Notiz Zeile oberhalb markieren

OneNote

`⇧`+`↓`	In einer Notiz Zeile unterhalb markieren
`Strg`+`⇧`+`↑`	In einer Notiz Absatz oberhalb markieren
`Strg`+`⇧`+`↓`	In einer Notiz Absatz unterhalb markieren
`⇧`+`Pos 1`	Vom Cursor bis zum Zeilenanfang markieren
`⇧`+`Ende`	Vom Cursor bis zum Zeilenende markieren
`Strg`+`⇧`+`Pos 1`	Vom Cursor bis zum Seitenanfang markieren
`Strg`+`⇧`+`Ende`	Vom Cursor bis zum letzten Eintrag auf der Seite markieren
`Alt`+`⇧`+`↑`	Markierten Absatz nach oben verschieben bzw. Seite nach oben verschieben
`Alt`+`⇧`+`↓`	Markierten Absatz nach unten verschieben bzw. Seite nach unten verschieben
`Esc`	Markierung aufheben

Löschen

`⇦`	Ausgewähltes Objekt löschen; Inhalt einer ausgewählten Notiz löschen; in einem Textfeld Zeichen links vom Cursor löschen
`Entf`	Ausgewähltes Objekt löschen; Inhalt einer ausgewählten Notiz löschen; in einem Textfeld Zeichen rechts vom Cursor löschen
`Strg`+`⇦`	In einer Notiz Wort links vom Cursor löschen
`Strg`+`Entf`	In einer Notiz Wort rechts vom Cursor löschen

Office-Tastenkürzel

Einfügen

`Strg`+`C`	Markierten Text bzw. ausgewähltes Objekt in die Zwischenablage kopieren
`Strg`+`X`	Markierten Text bzw. ausgewähltes Objekt in die Zwischenablage ausschneiden
`Strg`+`V`	Aus der Zwischenablage einfügen
`Strg`+`⇧`+`C`	Formatierung kopieren
`Strg`+`⇧`+`V`	Formatierung zuweisen
`Alt`+`⇧`+`D`	Aktuelles Datum in eine Notiz einfügen
`Alt`+`⇧`+`T`	Aktuelle Uhrzeit in eine Notiz einfügen
`Alt`+`⇧`+`F`	Aktuelles Datum und aktuelle Uhrzeit in eine Notiz einfügen
`Strg`+`Alt`+`↑`	Seite nach oben erweitern
`Strg`+`Alt`+`↓`	Seite nach unten erweitern
`Strg`+`Alt`+`←`	Seite nach links erweitern
`Strg`+`Alt`+`→`	Seite nach rechts erweitern

Tabellen

`⇤`	Tabelle erstellen, indem zunächst der Text der ersten Spalte eingegeben wird; durch das Betätigen der `⇤`-Taste wird dann die Tabelle erstellt
`Strg`+`Alt`+`E`	Neue Tabellenspalte links von der aktuellen Spalte erstellen
`Strg`+`Alt`+`R`	Neue Tabellenspalte rechts von der aktuellen Spalte erstellen

OneNote

⏎	Wenn die ⏎-Taste in der letzten Zelle der letzten Tabellenzeile gedrückt wird, wird eine neue Zeile unten erzeugt; bei Drücken der ⏎-Taste am Anfang einer Tabellenzeile wird eine neue Zeile oberhalb erzeugt
Alt + ⏎	Diese Tastenkombination verwenden, wenn statt einer neuen Zeile ein Absatz innerhalb der Zelle erstellt werden soll
Strg + ⏎	Neue Tabellenzeile unterhalb der aktuellen Zeile erstellen
Entf	Wird die Entf-Taste in der ersten Zelle einer leeren Zeile gedrückt (sie darf nicht einmal einen leeren Absatz enthalten), wird die Tabellenzeile gelöscht

Kategorien

Strg + 1	Feld der Kategorie *Aufgaben* einfügen
Strg + 2	Feld der Kategorie *Wichtig* einfügen
Strg + 3	Feld der Kategorie *Frage* einfügen
Strg + 4	Feld der Kategorie *Für später vormerken* einfügen
Strg + 5	Feld der Kategorie *Definition* einfügen
Strg + 6	Feld der Kategorie *Hervorheben* einfügen
Strg + 7	Feld der Kategorie *Kontakt* einfügen
Strg + 8	Feld der Kategorie *Adresse* einfügen
Strg + 9	Feld der Kategorie *Telefonnummer* einfügen
Strg + 0	Kategorisierung des ausgewählten Feldes löschen

Office-Tastenkürzel

Zeichen formatieren

Strg + ⇧ + .	Schriftgrad erhöhen
Strg + ⇧ + ,	Schriftgrad verringern
Strg + ⇧ + F	Markierten Text fett formatieren
Strg + ⇧ + K	Markierten Text kursiv formatieren
Strg + ⇧ + U	Markierten Text unterstrichen formatieren
Strg + -	Markierten Text durchgestrichen formatieren
Strg + +	Markierten Text hochgestellt formatieren
Strg + #	Markierten Text tiefgestellt formatieren
Strg + ⇧ + H	Markierten Text hervorheben
Strg + Alt + 1	Markierten Text als Überschrift 1 formatieren
Strg + Alt + 2	Markierten Text als Überschrift 2 formatieren
Strg + Alt + 3	Markierten Text als Überschrift 3 formatieren
Strg + Alt + 4	Markierten Text als Überschrift 4 formatieren
Strg + Alt + 5	Markierten Text als Überschrift 5 formatieren
Strg + Alt + 6	Markierten Text als Überschrift 6 formatieren
Strg + ⇧ + N	Formatierungen aus markiertem Text entfernen
Strg + K	Link einfügen

Absätze formatieren

Strg + L	Absatz links ausrichten
Strg + R	Absatz rechts ausrichten
Strg + .	Aktuellen Absatz als Aufzählung formatieren; erneutes Drücken der .-Taste entfernt das Aufzählungszeichen

OneNote

`Strg`+`.`	Aktuellen Absatz als nummerierte Aufzählung formatieren; erneutes Drücken der `.`-Taste entfernt die Nummerierung
`Strg`+`⇧`+`L`	Neue Notiz als Aufzählung einfügen
`⇆`	Innerhalb einer Notiz Einzug (Gliederungsebene) erhöhen
`⇧`+`⇆`	Innerhalb einer Notiz Einzug (Gliederungsebene) verringern
`Alt`+`⇧`+`1`	In einer Notiz nur Absätze der ersten Gliederungsebene anzeigen
`Alt`+`⇧`+`2`	In einer Notiz nur Absätze der zweiten Gliederungsebene anzeigen
`Alt`+`⇧`+`3`	In einer Notiz nur Absätze der dritten Gliederungsebene anzeigen
`Alt`+`⇧`+`4`	In einer Notiz nur Absätze der vierten Gliederungsebene anzeigen
`Alt`+`⇧`+`5`	In einer Notiz nur Absätze der fünften Gliederungsebene anzeigen
`Alt`+`⇧`+`6`	In einer Notiz nur Absätze der sechsten Gliederungsebene anzeigen
`Alt`+`⇧`+`7`	In einer Notiz nur Absätze der siebten Gliederungsebene anzeigen
`Alt`+`⇧`+`8`	In einer Notiz nur Absätze der achten Gliederungsebene anzeigen
`Alt`+`⇧`+`9`	In einer Notiz nur Absätze der neunten Gliederungsebene anzeigen
`Alt`+`⇧`+`0`	In einer Notiz Absätze aller Gliederungsebenen anzeigen

Office-Tastenkürzel

`Alt` + `⇧` + `-`	Gliederung auf aktuell ausgewählten Absatz reduzieren
`Alt` + `⇧` + `+`	Reduzierte Gliederung wieder erweitern

Medienwiedergabe

`Strg` + `Alt` + `P`	Wiedergabe von Audio- oder Videoaufnahmen starten bzw. pausieren
`Strg` + `Alt` + `S`	Wiedergabe von Audio- oder Videoaufnahmen beenden
`Strg` + `Alt` + `U`	Zehn Sekunden vorspulen
`Strg` + `Alt` + `Y`	Zehn Sekunden zurückspulen

Suchen

`Strg` + `⇧` + `S`	Suchleiste einblenden
`Strg` + `F`	Auf der aktuell geöffneten Seite suchen
`Strg` + `E`	Alle Notizbücher durchsuchen
`↑`	Beim Durchsuchen aller Notizbücher Seite nach oben auswählen und Vorschau einblenden
`↓`	Beim Durchsuchen aller Notizbücher Seite nach unten auswählen und Vorschau einblenden
`F3`	Beim Durchsuchen einer Seite nächstes Suchergebnis anzeigen
`⇧` + `F3`	Beim Durchsuchen einer Seite vorheriges Suchergebnis anzeigen
`Esc`	Suche beenden

OneNote

Überprüfen und freigeben

`F7`	Rechtschreibprüfung
`⇧`+`F7`	Alternative Wörter vorschlagen (Option *Thesaurus*)
`Alt`+Klick	Wort anklicken, um es nachzuschlagen (Option *Recherchieren*)
`Strg`+`⇧`+`E`	Seite per E-Mail versenden
`F9`	Alle Notizbücher synchronisieren
`⇧`+`F9`	Nur das aktuell geöffnete Notizbuch synchronisieren
`Strg`+`⇧`+`E`	Seite per E-Mail versenden

Weitere nützliche Tastenkürzel

`Strg`+`⇧`+`1`	Einer Notiz eine Outlook-Aufgabe zuweisen (*Heute*)
`Strg`+`⇧`+`2`	Einer Notiz eine Outlook-Aufgabe zuweisen (*Morgen*)
`Strg`+`⇧`+`3`	Einer Notiz eine Outlook-Aufgabe zuweisen (*Diese Woche*)
`Strg`+`⇧`+`4`	Einer Notiz eine Outlook-Aufgabe zuweisen (*Nächste Woche*)
`Strg`+`⇧`+`5`	Einer Notiz eine Outlook-Aufgabe zuweisen (*Kein Datum*)
`Strg`+`⇧`+`K`	Einer Notiz eine Outlook-Aufgabe zuweisen (*Benutzerdefiniert*)

Outlook

Outlook ist nicht Bestandteil aller Versionen des Office-Pakets, aber wer über diesen leistungsstarken Personal Information Manager verfügt, der sollte ihn auf alle Fälle zur Verwaltung von E-Mails, Kontakten, Terminen, Aufgaben und Notizen verwenden. Die folgenden Tastenkürzel werden Ihnen dabei gute Dienste leisten.

Outlook-Grundlagen

Strg + N	Je nach gewähltem Bereich neue E-Mail, neuen Termin, neuen Kontakt, neue Aufgabe oder neue Notiz erstellen
Strg + O	Ausgewähltes Element in neuem Fenster öffnen
Strg + S	E-Mail, Termin, Kontakt, Aufgabe oder Notiz speichern, wenn in Fenster geöffnet
Alt + S	Entspricht Mausklick auf die Schaltfläche *Speichern & schließen* beim Erstellen bzw. Bearbeiten von Terminen, Kontakten oder Aufgaben
F12	E-Mail, Termin, Kontakt, Aufgabe oder Notiz speichern unter (als Datei)
Esc	Ein geöffnetes Fenster schließen
Strg + P	Ausgewähltes Element drucken
Alt + F1	Ordnerleiste minimieren, minimierte Ordnerleiste ausblenden bzw. ausgeblendete Ordnerleiste wieder einblenden
Alt + F2	Aufgabenleiste minimieren, minimierte Aufgabenleiste ausblenden bzw. ausgeblendete Aufgabenleiste wieder einblenden
Strg + 1	Den Bereich *E-Mail* einblenden
Strg + 2	Den Bereich *Kalender* einblenden

Outlook

Strg + 3	Den Bereich *Kontakte* einblenden
Strg + 4	Den Bereich *Aufgaben* einblenden
Strg + 5	Den Bereich *Notizen* einblenden
Strg + 6	Den Bereich *Ordner* einblenden
Strg + 7	Den Bereich *Verknüpfungen* einblenden
Strg + 8	Den Bereich *Meine Journale* einblenden
Alt + ⏎	Eigenschaften eines ausgewählten Elements anzeigen
F9	Alle Ordner synchronisieren (entspricht Mausklick auf die Schaltfläche *Alle Ordner senden/empfangen*)
⇧ + F9	Nur den aktuell geöffneten Ordner synchronisieren (entspricht Mausklick auf die Schaltfläche *Ordner aktualisieren*)
F1	Outlook-Hilfe aufrufen

Ordner verwalten

Strg + ⇧ + E	Neuen Ordner erstellen
Strg + ⇧ + P	Neuen Suchordner erstellen
F2	Ausgewählten Ordner umbenennen
Strg + Y	Dialogfenster *Wechseln zu Ordner* aufrufen
Strg + ⇧ + Y	Dialogfenster *Elemente kopieren* aufrufen
Strg + ⇧ + V	Dialogfenster *Elemente verschieben* aufrufen
Strg + D	Ausgewähltes Element löschen bzw. in den Ordner *Gelöschte Elemente* verschieben

Office-Tastenkürzel

Navigieren

`⇤`	In Outlook zwischen Navigationsbereich, Anzeigebereich, Aufgabenbereich und Suchfeld wechseln
`⇧`+`⇤`	In Outlook zwischen Navigationsbereich, Anzeigebereich, Aufgabenbereich und Suchfeld wechseln, und zwar in umgekehrter Reihenfolge
`Strg`+`⇤`	Im Bereich *E-Mail* in der Kopfzeile der gerade im Lesebereich angezeigten E-Mail navigieren
`Alt`+`→`	Zwischen den in Outlook zuletzt geöffneten Bereichen wechseln
`Alt`+`←`	Zwischen den in Outlook zuletzt geöffneten Bereichen wechseln, und zwar in umgekehrter Reihenfolge
`Strg`+`⇧`+`W`	Zur Infoleiste wechseln, sofern eingeblendet
`←`	Cursor ein Zeichen nach links bewegen
`→`	Cursor ein Zeichen nach rechts bewegen
`Strg`+`←`	Cursor ein Wort nach links bewegen
`Strg`+`→`	Cursor ein Wort nach rechts bewegen
`↑`	Cursor eine Zeile nach oben bewegen
`↓`	Cursor eine Zeile nach unten bewegen
`Strg`+`↑`	Cursor einen Absatz nach oben bewegen
`Strg`+`↓`	Cursor einen Absatz nach unten bewegen
`Bild ↑`	Eine Seite nach oben scrollen
`Bild ↓`	Eine Seite nach unten scrollen

110

Outlook

`Pos 1`	Zum Anfang einer Zeile springen
`Ende`	Zum Ende einer Zeile springen
`Strg`+`Pos 1`	Zur ersten Eingabe springen
`Strg`+`Ende`	Zur letzten Eingabe springen

Markieren

`Strg`+`A`	Alles markieren
`⇧`+`←`	Zeichen links vom Cursor markieren
`⇧`+`→`	Zeichen rechts vom Cursor markieren
`Strg`+`⇧`+`←`	Wort links vom Cursor markieren
`Strg`+`⇧`+`→`	Wort rechts vom Cursor markieren
`⇧`+`Pos 1`	Von Cursor bis zum Anfang der Zeile markieren
`⇧`+`Ende`	Vom Cursor bis zum Ende der Zeile markieren
`⇧`+`↑`	Zeile oberhalb des Cursors markieren
`⇧`+`↓`	Zeile unterhalb des Cursors markieren
`Strg`+`⇧`+`↑`	Absatz oberhalb des Cursors markieren
`Strg`+`⇧`+`↓`	Absatz unterhalb des Cursors markieren
`⇧`+`Bild ↑`	Vom Cursor eine Bildschirmseite nach oben markieren
`⇧`+`Bild ↓`	Vom Cursor eine Bildschirmseite nach unten markieren
`Strg`+`⇧`+`Pos 1`	Vom Cursor bis zur ersten Eingabe markieren
`Strg`+`⇧`+`Ende`	Vom Cursor bis zur letzten Eingabe markieren

Office-Tastenkürzel

Löschen

⟵	Zeichen links vom Cursor löschen
Entf	Zeichen rechts vom Cursor löschen
Strg + ⟵	Wort links vom Cursor löschen
Strg + Entf	Wort rechts vom Cursor löschen

Einfügen

Strg + C	In die Zwischenablage kopieren
Strg + X	In die Zwischenablage ausschneiden
Strg + V	Aus der Zwischenablage einfügen
Strg + ⇧ + C	Formatierung kopieren
Strg + ⇧ + V	Formatierung zuweisen
Alt + ⇧ + D	Aktuelles Datum einfügen
Alt + ⇧ + T	Aktuelle Uhrzeit einfügen

Zeichen formatieren

Strg + ⇧ + P	In einem Textfenster den Dialog *Schriftart* aufrufen
Strg + ⇧ + S	Formatvorlage übernehmen
Strg + ⇧ + F	Markierten Text fett formatieren
Strg + ⇧ + K	Markierten Text kursiv formatieren
Strg + U	Markierten Text unterstrichen formatieren
Strg + +	Markierten Text hochgestellt formatieren

Outlook

Strg + #	Markierten Text tiefgestellt formatieren
⇧ + F3	Wechseln zwischen Formatierung des markierten Textes ausschließlich in Großbuchstaben, ausschließlich in Kleinbuchstaben sowie großem Anfangsbuchstaben und folgenden Kleinbuchstaben
Strg + <	Schriftgrad verringern
Strg + ⇧ + <	Schriftgrad erhöhen
Strg + Leer	Formatierungen aus markiertem Text entfernen
Strg + K	Link einfügen

Absätze formatieren

Strg + ⇧ + +	Absatzmarkierungen ein- bzw. ausblenden
Strg + L	Text links ausrichten
Strg + R	Text rechts ausrichten
Strg + E	Text zentrieren
Strg + ⇧ + J	Text im Blocksatz ausrichten
Strg + T	Einzug erhöhen
Strg + ⇧ + T	Einzug verringern
⇥	Hängenden Einzug erstellen
⇧ + ⇥	Hängenden Einzug verringern
Strg + ⇧ + L	Absatz als Aufzählung formatieren
Strg + Q	Absatzformatierungen entfernen

Office-Tastenkürzel

Suchen

F3	Suchfeld aktivieren
Strg + Alt + Z	Unterordner in die Suche einbeziehen
Strg + Alt + K	Suche auf den aktuell geöffneten Ordner beschränken
Strg + ⇧ + F	Fenster *Erweiterte Suche* öffnen
Strg + Alt + A	Alle Elemente des angezeigten Bereichs durchsuchen (E-Mails, Kalender, Kontakte, Aufgaben, Notizen)
F4	Innerhalb eines Fensters suchen
⇧ + F4	Weitersuchen
F5	Innerhalb eines Fensters suchen und ersetzen
F11	Unabhängig vom gerade angezeigten Bereich Kontakt suchen
Esc	Suche beenden

E-Mail

Strg + ⇧ + M	Neue E-Mail unabhängig vom gerade angezeigten Bereich erstellen
Alt + S	E-Mail senden
Strg + .	Wenn E-Mail-Fenster geöffnet bzw. Lesebereich aktiviert ist, nach oben durch weitere E-Mails blättern
Strg + ,	Wenn E-Mail-Fenster geöffnet bzw. Lesebereich aktiviert ist, nach unten durch weitere E-Mails blättern
Strg + ⇧ + I	Posteingang anzeigen
Strg + ⇧ + O	Postausgang anzeigen
Strg + R	E-Mail beantworten

114

Outlook

Strg + ⇧ + R	Allen antworten
Strg + Alt + R	Mit Besprechungsanfrage antworten
Strg + F	E-Mail weiterleiten
Strg + Alt + F	E-Mail als Dateianhang weiterleiten
Strg + ⇧ + S	Öffentliche Nachricht bereitstellen
Strg + Q	E-Mail als gelesen markieren
Strg + U	E-Mail als ungelesen markieren
←	E-Mail-Gruppe einklappen
→	E-Mail-Gruppe ausklappen

Kontakte

Strg + ⇧ + C	Neuen Kontakt unabhängig vom gerade angezeigten Bereich erstellen
Strg + ⇧ + L	Kontaktgruppe erstellen
Strg + ⇧ + B	Unabhängig vom gerade angezeigten Bereich das Adressbuch öffnen
Alt + D	Wenn Kontakt-Fenster geöffnet ist, das Dialogfenster *Adresse überprüfen* aufrufen
Strg + .	Wenn Kontakt-Fenster geöffnet ist, nach oben durch weitere Kontakte blättern
Strg + .	Wenn Kontakt-Fenster geöffnet ist, nach unten durch weitere Kontakte blättern
⇧ + A (– Z)	Zu Kontakten mit dem entsprechenden Anfangsbuchstaben springen
Strg + F	Kontakt als Dateianhang per E-Mail versenden

Office-Tastenkürzel

Kalender

Strg + ⇧ + A	Neuen Termin unabhängig vom gerade angezeigten Bereich erstellen
Strg + ⇧ + Q	Neue Besprechung unabhängig vom gerade ange-zeigten Bereich erstellen
Strg + .	Wenn Termin-Fenster geöffnet ist, nach oben durch weitere Termine blättern
Strg + ,	Wenn Termin-Fenster geöffnet ist, nach unten durch weitere Termine blättern
Strg + Alt + 1	Im Kalender zur Tagesansicht wechseln
Strg + Alt + 2	Im Kalender zur Arbeitswochenansicht wechseln
Strg + Alt + 3	Im Kalender zur Wochenansicht wechseln
Strg + Alt + 4	Im Kalender zur Monatsansicht wechseln
Strg + Alt + 5	Im Kalender zur Planungsansicht wechseln
Alt + 1	Im Kalender einen Tag anzeigen
Alt + 2	Im Kalender zwei Tage anzeigen
Alt + 3	Im Kalender drei Tage anzeigen
Alt + 4	Im Kalender vier Tage anzeigen
Alt + 5	Im Kalender fünf Tage anzeigen
Alt + 6	Im Kalender sechs Tage anzeigen
Alt + 7	Im Kalender sieben Tage anzeigen
Alt + 8	Im Kalender acht Tage anzeigen
Alt + 9	Im Kalender neun Tage anzeigen
Alt + 0	Im Kalender zehn Tage anzeigen

Outlook

Alt + ⇧ + 0	Im Kalender einen Monat anzeigen
↑, ↓, ←, →	In das nächste Kalenderfeld in der entsprechenden Richtung wechseln
Strg + ←	Im Kalender einen Tag zurückblättern
Strg + →	Im Kalender einen Tag vorblättern
Alt + ↑	Im Kalender eine Woche zurückblättern
Alt + ↓	Im Kalender eine Woche vorblättern
Alt + Bild ↑	Im Kalender einen Monat zurückblättern
Alt + Bild ↓	Im Kalender einen Monat vorblättern
Pos 1	Im Kalender zum ersten Feld des Arbeitstages springen
Ende	Im Kalender zum letzten Feld des Arbeitstages springen
Bild ↑	In den Ansichten *Tagesansicht*, *Arbeitswoche* und *Woche* zu den Feldern vor Beginn des Arbeitstages springen; in der Ansicht *Monat* eine Woche zurückblättern
Bild ↓	In den Ansichten *Tagesansicht*, *Arbeitswoche* und *Woche* zu den Feldern nach Ende des Arbeitstages springen; in der Ansicht *Monat* eine Woche vorblättern
Alt + Pos 1	Im Kalender zum ersten Tag der laufenden Woche springen
Alt + Ende	Im Kalender zum letzten Tag der laufenden Woche springen
Strg + G	Im Kalender zu einem bestimmten Tag springen; bei Erstellung oder Bearbeitung eines Termins Terminserie erstellen
⇧ + ↑	In den Ansichten *Tagesansicht*, *Arbeitswoche* und *Woche* ein Feld nach oben markieren; in der Ansicht *Monat* die vorige Woche markieren

Office-Tastenkürzel

⇧ + ↓	In den Ansichten *Tagesansicht*, *Arbeitswoche* und *Woche* ein Feld nach unten markieren; in der Ansicht *Monat* die nächste Woche markieren
⇧ + ←	In den Ansichten *Arbeitswoche* und *Woche* vorige 24 Stunden markieren; in den Ansichten *Monat* und *Planungsansicht* ein Feld nach links markieren
⇧ + →	In den Ansichten *Arbeitswoche* und *Woche* nächste 24 Stunden markieren; in den Ansichten *Monat* und *Planungsansicht* ein Feld nach rechts markieren
⇧ + Pos 1	In den Ansichten *Tagesansicht*, *Arbeitswoche*, *Woche* und *Planungsansicht* vom aktuell ausgewählten Feld bis zum Beginn des Arbeitstages markieren; in der Ansicht *Monat* vom aktuell ausgewählten Feld bis zum Beginn der Woche markieren
⇧ + Ende	In den Ansichten *Tagesansicht*, *Arbeitswoche*, *Woche* und *Planungsansicht* vom aktuell ausgewählten Feld bis zum Ende des Arbeitstages markieren
Strg + ⇧ + Pos 1	In den Ansichten *Tagesansicht*, *Arbeitswoche*, *Woche* und *Planungsansicht* vom aktuell ausgewählten Feld bis zum Beginn des Tages markieren
Strg + ⇧ + Ende	In den Ansichten *Tagesansicht*, *Arbeitswoche*, *Woche* und *Planungsansicht* vom aktuell ausgewählten Feld bis zum Ende des Tages markieren
Esc	Aus den markierten Feldern einen Termin erstellen
Strg + ↑	Termine im Kalender durchblättern
Strg + ↓	Termine im Kalender durchblättern, und zwar in umgekehrter Reihenfolge
Strg + F	Termin als Dateianhang per E-Mail versenden

118

Outlook

Aufgaben

Strg + ⇧ + K	Neue Aufgabe unabhängig vom gerade angezeigten Bereich erstellen
Strg + Alt + ⇧ + U	Neue Aufgabe erstellen und senden
Strg + .	Wenn Aufgaben-Fenster geöffnet ist, nach oben durch weitere Aufgaben blättern
Strg + .	Wenn Aufgaben-Fenster geöffnet ist, nach unten durch weitere Aufgaben blättern
Einfg	Ausgewähltes Element zur Nachverfolgung kennzeichnen und Aufgabe erstellen bzw. Aufgabe als erledigt kennzeichnen
Strg + ⇧ + G	Ausgewähltes Element zur Nachverfolgung kennzeichnen und benutzerdefinierte Aufgabe erstellen
Strg + F	Aufgabe als Dateianhang per E-Mail versenden

Notizen

Strg + ⇧ + N	Neue Notiz unabhängig vom gerade angezeigten Bereich erstellen
Strg + F	Notiz als Dateianhang per E-Mail versenden

Überprüfen

F7	In einem Fenster Rechtschreibprüfung starten
⇧ + F7	In einem Fenster alternative Wörter vorschlagen (Option *Thesaurus*)
Alt + Klick	In einem Fenster Wort anklicken, um es nachzuschlagen (Option *Recherchieren*)

Office-Tastenkürzel

Weitere nützliche Tastenkürzel

Strg + ⇧ + H	Dialogfenster *Neues Microsoft Office-Dokument* aufrufen, um Word-, Excel- oder PowerPoint-Datei zu erstellen
Strg + ⇧ + X	Fax senden, sofern Faxdienst verfügbar
Alt + F8	Dialogfenster *Makros* aufrufen
Alt + F11	Aufrufen des Fensters *Microsoft Visual Basic for Applications*